북한의 인권

인민의 천국에서
벌어지는 인권유린

차 례
Contents

서론 : 북한의 인권과 손톱 논쟁

이 지구상의 200여 개 국가 중에서 인권을 중요하게 생각하지 않는다고, 억압해도 괜찮다고 공공연히 주장하는 국가는 단 한 국가도 없다. 그러나 인권문제가 없는 국가도 없다. 그만큼 인권문제는 그 어떤 영역보다 이상과 실제 간의 거리가 크다. 그런데 북한의 인권문제는 참혹한 인권유린 실상만이 문제가 아니다. 현실에 대한 인식에 심각한 차이가 있고, 그래서 효과적인 개선책을 마련하지 못하는 것이 더 큰 문제라 할 수 있다.

북한의 인권문제에서 가장 눈에 띄는 점은 대외적 공약들(commitments)이나 국내 인권규범들과 현실 간에 너무도 큰 격차가 있다는 것이다. 즉, 북한정부가 그간 대외적으로 공표한 바로는, 노동자와 농민이 주인인 북한은 무상 교육 및 의료혜택을 비롯하여 모든 인권이 완벽하게 보장되기 때문에 '인권 천국'이라 할 수 있다.

그러나 국제사회에서는 북한의 인권문제가 중요한 현안으로 부각되어 있다. 유럽연합(EU)의 주도로 유엔 인권위원회(UN Commission on Human Rights)에서 대북한 인권개선 촉구결의가 2003년 이래 3년 연속 채택된 데 이어, 2005년부터는 매년 유엔 총회에서도 같은 취지의 대북 인권결의가 채택되고 있다. 2004년에 미국의 북한인권법이 채택된 데 이어 2006년 6월에는 유럽의회에서 대북 인권결의가 채택되었고, 일본의 민의원과 참의원에서도 북한인권법(납치문제와 그 외 북조선당국에 의한 인권침해문제 대처에 관한 법률)이 채택되었다. 그러나 한국국회는 이런 국제사회의 노력에 동참하지 못하고 있다.

북한의 인권문제를 논의하는 데 먼저 극복해야 할 대상은 이념적 편파성 때문에 본 논제에 접근하지 못하는 것이다. 마치 달(月)에 관해 이야기하기 위해 모인 사람들이 달이 초승달인지 하현달인지 관심 없고 그 달을 가르치는 손가락의 손톱 색깔이 빨갛다, 파랗다 논쟁하는 모습을 보이고 있다. 이 책에는 본류에서 벗어난 이런 논쟁을 피하고자 국제사회에서 거론되는 북한의 인권현안들을 중심으로 북한의 인권문제를 북한이 이미 가입해 있는 국제인권규범들과 북한 국내법에 따라 살펴보고자 한다.

그 어떤 사회보다 폐쇄적인 북한사회에서 자행되고 있는 인권유린은 정보와 물증이 부족하여 "북한의 인권상황이 최악이라는 미국의 평가는 전혀 근거 없는 정치적 공세다!"라고 주장하는 사람들까지 있다. 북한의 인권정책에 대해 '문화적 상대성'과 '내재적 접근'을 내세우며 정당화시키려는 '북한전문가들'까지 있다. 물론 다른 나라들과 마찬가지로 북한이 처한 특수한 국내·외 상황이 북한의 인권정책에 끼친 영향도 고려해야 할 것이다. 그러나 우리가 조금만 더 관심을 갖고 현상을 있는 그대로 보고, 현재까지 북한정부가 취해 온 인권정책을 일반적인 인권 신장 단계론에 비추어 보면 '내재적 접근'과 '문화적 상대성'으로 정당화시킬 수 없는 병리 현상들을 발견할 수 있을 것이다. 그리고 북한의 인권 신장을 위해 국제인권규범들이 북한 국내에 확산·적용되게 하려면 한국을 비롯한 국제사회가 노력해야 할 당위성을 발견한 수 있을 것이다.

이 책에서는 2000년대에 와서 국제사회에서 지적하고 있는 현안들을 중심으로 하여 변화와 지속성을 조명할 것이지만 통시적 분석에 필요하면 시기적 범위를 2000년대에 제한하지 않고 북한정부 수립 시기까지 거슬러 올라갈 것이다.

북한의 시민적·정치적 권리를 중심으로 한 인권상황의 성격을 분석하기 위해서는 정치사회학적 분석이 시도될 것이다. 그리고 대한변호사협회에서 2006년 이래 2년 간격으로 실시하고 있는 탈북자 인터뷰조사 자료들을 최근의 추세를 파악하는 데 주로 활용할 것이다.

북한의 식량권: 사자(獅子) 식 분배

　북한의 식량사정이 어려운 것은 언론을 통해 자주 소개되고 있다. 그 희생자들도 '꽃제비 소년'과 '토끼풀 소녀' 등의 사례를 통해 상징적으로 보도된 바 있다. 우리 사회에서 '진보'를 자처하며 북한의 위정자들을 지지하는 세력들은 북한의 식량권 문제를 북한인권 문제의 대표적 현안으로 거론하고 있다. 그리고 이 '진보세력들'은 북한의 식량권이 보장되지 않는 것이 한국과 미국의 반북한·봉쇄정책 때문이라고 주장한다. 그들은 북한인권 현안들 대부분이 식량부족에서 비롯되는 것이므로 북한에 묻지 말고 식량을 지원해주어서 형편이 나아지면 모든 인권문제가 자연히 해결될 수 있다는 논리를 펴고 있다.

　대한변호사협회의 의뢰로 2010년에 실시한 200명의 탈북자 인터뷰에서 "2007년 이후에도 귀하가 살던 곳에서 굶어 죽은 사람이 있습니까?"라는 질문에 37.1%가 "예"라고 답했다.[1] 북한정부가 2008년에 실시한 인구조사에 의하면 북한 인구는 23,349,859명(시·도 지역별 인구 합계) 혹은 24,052,231명(연령별 인구 합계)으로 집계되었다.[2] 식량농업기구(FAO)와 세계식량계획(WFP)에서 규정하는 최소소요량을 적용하면 최근의 식량 수급 현황은 〈표 1〉과 같다.

식량농업기구(FAO)와 세계식량계획(WFP)에서 규정하는 최소소요량을 적용하면 최근의 식량 수급 현황은 〈표 1〉과 같다.

2007년까지 최소수요량을 기준으로 할 때 북한의 식량은 일정수준의 수급균형을 이루고 있었다. 이는 대북 비료지원과 양호한 기상조건으로 북한의 국내 식량생산이 호조를 보였기 때문이다. 동시에 2000년대에 들어와서 세계식량계획 통계를 보면 연평균 97만 톤, 특히 2005년까지는 년 평균 110여만 톤의 식량이 한국과 국제사회로부터 지원되었기 때문이다.[3]

〈표 1〉 북한의 식량수급 추이 (단위: 만 톤)

구분	생산량1)	도입량2)	최소소요량3)	부족량
2004~2005	431	115	515	+31
2005~2006	454	35	518	-29
2006~2007	448	75	521	-2
2007~2008	401	27	523	-95
2008~2009	431	[20]	526	[-75]
2010~2011	411	[32]	529	[-86]
2011~2012	[425]	[20]	531	[-86]

1) 2009/10년까지는 농촌진흥청 자료, 2009/10년은 FAO/WFP 자료
2) 2007/08년까지는 WFP자료, 2008/09~11년은
상업적 수입(중국)과 국제기구지원분
3) FAO/WFP의 1인당 소요량을 북한인구(통계청)에 적용.
출처: 『KREI 북한농업동향』, 제13권 제4호(2012. 1) p. 6.

그러나 국내생산과 외부지원이 감소함에 따라 2007년 이후에는 식량부족 현상이 확대되고 있다. 그런데 북한의 기아사태는 곡물생산량의 감소에 따른 식량부족에 근본 원인이 있지만, 식량이 특정 인구에게 배급되지 않았기 때문에 발생한 측면이 더 강하다.[4]

대규모의 아사자와 식량난민이 발생하는 사회에서 기근의 원인은 식량 총공급량의 감소(FAD: Food Availability Decline)에만 있는 것이 아니다. 그보다는 식량권 부여의 감소(FED: Food Entitlement Decline)에 더 큰 원인이 있다. 북한의 식량문제와 관련하여 현재까지 식량 총공급량의 감소에만 지나치게 역점을 두고 식량권 부여의 감소에 대해서는 등한시하여 문제의 진정한 성격과 원인을 파악하지 못한 측면이 있다.

북한 일반주민의 식량권 부여의 감소는, 구체적인 맥락에서는 다양한 원인이 작용하겠지만, 대한변호사협회에서 2006년, 2008년, 20010년에 각각 탈북자들을 인터뷰 조사[5]한 바로는, 성분에 따라 식량권 부여의 감소 혹은 증가의 정도가 정해지기 때문에 3계층 51개 부류에 기초한 계급차별정책에 그 근본적인 원인이 있다고 볼 수 있다. 그리고 1990년대 중·후반에 식량난으로 아사자와 탈북자가 양산된 것이 사실이지만, 그들의 절대다수는 북한의 사회적 취약계층에 속해 있었다는 사실을 간과해서는 안 된다. 그런데 북한의 이 사회적 취약계층은 계급차별정책의 결과로 생긴 것이다.

북한사회는 1958년 이후 사회주의적 생산관계의 유일적 지배와 전 주민의 사회주의 프롤레타리아화를 추구하면서 모든 주민을 '붉은 계급'으로 만들기 위해서 주민을 분류하여 반혁명 분자들을 제거했다. 그런 목적에서 노동당은 1966년 4월부터 1967년 3월까지 '주민 재등록사업'을 실시하였다. 이어서 1967 년 4월부터 1970년 6월까지 '주민 재등록사업'의 결과를 토대로 전 주민을 3계층 51개 부류로 분류하였다. 이때 북한당국은 핵심계층을 87만 가구의 391만 5천 명, 동요계층을 70만 가구의 351만 명 그리고 적대계층을 173만 가구의 793 만5천 명으로 집계하였다.[6] 북한당국은 그 어떤 계급차별제도의 존재도 부정하지만, 탈북자들은 한결같이 이 제도의 존재와 지속적인 이용을 확인하고 있다. 다음 〈표 2〉에서 보이는 바와 같이 북한 정부와 당은 수차례에 걸쳐 주민의 가족배경을 조사하였다.

3계층 51개 부류에 따른 사회적 계급 분류는 1960년대에 시행된 주민등록에 기반을 둔 것인데다 주요 변수가 일제치하와 6·25전쟁에서의 정치적 활동에 기초한 것이기에 오늘날에는 무의미하다고 볼 수 있다. 이 계층의 사람들은 이미 죽었거나 사회활동이 가능한 연령을 넘어섰다. 그렇지만 이 계급차별정책이 불평등의 제도화를 초래했고, 그것은 현재까지 지속되고 있다. 이러한 계급정책은 국제인권규범들 특히, 차별을 금지하는 세계인권선언 제7조와 시민적·정치적 권리에 관한 국제규약 제26조에 대한 명백한 위반이다.

이러한 계급차별정책 때문에 동요계층과 적대계층의 사람들은 고등교육에 대한 기회가 주어지지 않고, 열악한 사회여건

<표 2> 주민성분 조사사업

사업 명칭	시기	내용
중앙당 집중지도	1958년 12월 ~ 1960년 12월	불순분자 색출처단 및 산간벽지 강제이주
주민 재등록	1966년 4월 ~ 1967년 3월	100만 적위대의 무장을 위한 주민성분을 분류 (직계 3대, 처가와 외가 6촌까지 내사)
3개 계층 51개 부류로 구분	1967년 4월 ~ 1970년 6월	주민등록사업 결과를 토대로 전 주민을 핵심계층, 동요계층, 적대계층으로 구분, 이를 다시 세분하여 51개 부류로 재분류
주민 요해 사업	1972년 2월 ~ 1974년	남북대화와 관련, 주민동태를 조사·파악하여 전 주민을 믿을 수 있는 자, 반신반의자, 변절자로 구분.
공민증 검열사업	1980년 1월 ~ 1980년 12월	김정일 지시로 공민증 대조 및 갱신으로 불순분자 색출과 통제기능 강화
외국 귀화인 및 월북자 등에 대한 요해 사업	1980년 4월 ~ 1980년 10월	월북자 등 외부에서 입북한 자들을 13계층으로 구분, 감시 자료를 체계화.
북송 재일교포 요해 사업	1981년 1월 ~ 1981년 4월	북송 교포들에 대한 자료를 세분하여 동향감시 자료를 체계화.
공민증 갱신사업	1983년 11월 ~ 1984년 3월	공민증 갱신 및 주민문건 정비
주민등록에 대한 재조사가 있었던 것으로 추정됨(*).	1990년 대 초	이 조사가 실시된 후, 많은 주민이 체포되어 수용소로 보내진 것은 중·동부 유럽 공산주의체제가 붕괴된 후 1990년대 초에 내부통제를 강화시키려는 시도로 보임.

출처: 통일부, 『95 북한개요』(서울: 통일부, 1995), p.275.
(*) 김용 등, 탈북자들의 증언을 토대로 한 추정.

속에서 각종 불이익을 받고 있는데, 식량권 문제가 대표적 사례다. 이것은 "이 규약의 당사국은 이 규약에서 선언된 권리들이 인종, 피부색, 성, 언어, 종교, 정치적 또는 기타 견해, 민족적 또는 사회적 출신, 재산, 출생 또는 기타의 신분 등에 의한 어떠한 종류의 차별도 없이 행사되도록 보장한다"라고 기술되어 있는 경제적·사회적·문화적 권리에 관한 국제규약 제2조, 제2항에 대한 명확한 위반이다.

북한의 만성적인 식량부족은 영농체계의 비효율성과 농업구

조의 모순성, 공업부문의 생산마비에서 비롯된 비료와 농약 부족, 지나친 자급자족체제·인센티브 부족·비생산부문으로의 지나친 자원유출 등과 같은 경제체제의 모순에서 비롯된 전반적 경제난과 사회주의권과의 농업협력 중단 등 복합적 요인에서 비롯된 구조적인 문제다. 게다가 경작지를 더욱 많이 획득하려는 북한정부의 정책에 따라 북한의 거의 모든 언덕과 작은 산은 개간되었다. 보다 많은 경작지를 획득하려는 북한정부의 정책은 1976년 10월 2일 제5차 당 중앙위원회 12차 전원회의에서 채택한 '자연개조 5대 방침'에 기초한 것이다. 이 정책은 1977년 4월에 개정된 토지법 49조에 반영되었다. 이어서 이 정책은, 1981년 10월 제6차 당 중앙위원회 4차 전원회의에서 채택한 '4대 자연개조사업'에 의해 다시 강화되었다. 이 정책에 따라 7개년 경제계획 기간(1978~1984)에 15만 헥타르의 산야가 다락 밭으로 개간되었다. 그런데 관개시설이 적절하게 갖추어지지 못했고 옥수수와 같이 토양을 잡아주지 못하는 1년생 작물들을 재배하였기 때문에 강한 비가 오면 산사태가 발생하여 새로이 개간한 토지뿐만 아니라 기존의 경작지까지 훼손하였다. 또한 이러한 산사태는 강의 바닥을 상승시켜 상대적으로 적은 양의 비가 왔을 때에도 홍수를 초래했다. 더 나아가 최근의 식량난과 연료부족은 북한의 산림파괴를 가속시키고 있다.

북한의 식량난이 초기에는 사회주의 농업정책의 실패와 자급자족 경제정책에 대한 지나친 집착에서 비롯되었으나 배급제가 실제로 작동하지 않고 시장에서 식량을 구입해야 되는 상황에서는 구매력의 문제로 성격이 전환되었다. 그래서 자신들의 월급을 외화로 바꿀 수 있는 사람들이나 농민들은 타격이 덜 하지만 그렇지 못한 일반 주민은 도시 안의 신빈곤층이 되었다.[7] 2002년에 취한 '7·1 경제관리 개선조치'는 암시장 가격과의 차이를 해소하기 위해 법정 가격을 높인 것이다. 그러나 급료인상률(생산부문 근로자 18배)은 주곡 가격의 상승률(쌀 558배, 옥수수 471배)을 따라가지 못했다. 북한당국이 국영기업의 손실보전 등 재정수요를 화폐발행으로 충당하자 2002년 이후 매해 평균 100% 이상의 고 인플레이션 현상이 나타났다.[8]

북한정부는 2009년 11월 30일에 화폐개혁을 실시하여 국가재정을 확충하고 계획경제를 정상화하려 했다. 그러나 화폐개혁의 부작용에 따른 수급불균형 때문에 쌀값이 약 72배나 오르는 등, 급격한 물가상승이 발생하고 있다.

특히 도시 일반주민은 화폐교환의 한도가 매우 낮고 임금은 2,000~3,000원 정도여서 식량을 충분히 구매할 수 없다. 그에 비해 농민들은 화폐개혁 직후 1년 치 현금분배액인 1인당 15,000~150,000원을 받아 현금사정이 좋아지면서 쌀값이 더 오르기를 기다리며 시장공급을 미루고 있다. 그 결과 당 중앙경제정책검열부가 조사한 바로는, 2010년 1월 중순부터 북한 전역에서 아사자 발생이 증가하고 있는데, 주로 도시의 노동자 가족 중에서 아사자가 발생한다는 것이다.[9]

2011년 10월 중순경에 1kg당 3,000원대로 급상승한 쌀값은 11월에도 상승세를 이어가 3,500~3,800원대를 유지하였다. 달러·위안(圓)화 대비 환율도 급상승하여 1달러는 4,000원 선, 1위안은 600원 선에 근접하고 있었다. 작황 부족, 국경지역 통제강화 등이 식량 절대량 감소와 외환시장 위축으로 이어져 쌀값과 환율상승을 야기한 것으로 풀이된다. 2011년 11월 말 ~12월 초에는 쌀값과 환율이 화폐개혁 이후 최고치를 기록했다. 대중국 무역의존도가 높은 상황에서 위안화 대비 환율이 급상승하면서 물가도 동반 상승했다. 현재 1위안은 720원 선을 유지하고 있다. 김정일의 사망이 2011년 12월 19일에 알려지면서 쌀 가격이 한때 오름세를 지속했으나, 곧이어 취해진 외화사용 금지 조치 등으로 안정세를 유지하다가 음력설을 앞두고 다시 오름세를 보였다. 2012년 2월 말~3월 초 현재 북한당국이 태양절(4월 15일)을 앞두고 명절공급을 위해 '사사여행(중국 친척 방문)'을 대거 허용하자 식량 가격이 다소 안정되었다.[10]

이처럼 북한 일반주민의 식량권 유린에는 사회·경제적 통제정책의 결과가 크게 작용하고 있으며, 식량 총공급량의 감소보다 식량권 부여의 감소에 더 큰 원인이 있다. 북한정부는 '선군정치'에 따라 군인들에게 식량을 먼저 배급한다. 이를 위해 한국과 국제사회에서 지원한 식량을 전용하는데, 북한정부는 감시를 피하고자 동원된 군용 자동차의 번호판을 모두 민간 번호판으로 교체하였고, 군인들도 모두 사복을 입혔으며, 유엔 조사원의 시찰이 있을 때에는 민간 창고에 쌀을 임시로 저장하였다가 시찰이 끝난 후에 다시 군부대로 옮겼다고 운전병 출신 탈북자 진용규는 증언한다.[11]

이런 상황을 극복하기 위해서는 분배의 투명성이 보장되도록 모니터링을 강화해야 하고 지원할 때 이를 전제조건으로 고수해야 한다. 그러나 그간 한국의 정부 및 지원단체들과 중국 정부가 이를 제대로 하지 않아서 다른 국제지원단체들이 분배의 투명성과 감독을 북한당국에 요구하는 데 한계가 있었다. 구체적 일례로, 2004년에 세계식량계획은 북한에 37만 톤의 식량을 지원하면서 4천8백여 회의 모니터링을 했는데, 한국정부는 50만 톤의 식량을 지원하고도 모니터링을 단 10회만 실시했다. 이처럼 한국정부가 인도적 지원 공여국으로서 서명한 관련 국제규범을 준수하지 않음으로써 분배의 투명성과 감독을 요구하는 세계식량계획 등 다른 국제지원단체들에 대해 북한당국이 극도로 부정적인 태도를 취하게 했다. 그래서 2005년에는 일부 국제지원단체들이 북한에서 추방당하는 사태까지 벌어지게 되었다. 세계식량계획도 북한당국의 요구로 5개월 동안 활동을 중단했다가 사업규모를 대폭 축소한 채, 2006년 5월 11일에 겨우 재개할 수 있었다.[12] 이처럼 북한정부가 외부 식량지원의 수혜국으로서 준수해야 할 국제규범을 위반하고 있는 상황에서는 북한에 대한 식량지원을 독립적인 현안으로만 취급하면 상황이 개선되기 어렵다.

고문: 야만성과 잔인함의 총체

　북한정부는 모든 공식적인 문건이나 선언에서 고문을 강력하게 부정하고 있다. 또한, 북한 최고인민회의 상임위원회에서 1999년에 수정·보충한 형사소송법 제93조에 "예심원은 피심자에게 강압적인 방법으로 범죄 사실을 시인시키거나 진술을 유도하지 말아야 한다. 강압적인 방법으로 받은 피심자의 진술은 증거로 쓸 수 없다"고 규정하였다. 이 조항은 더욱 발전되어 2004년 5월과 2005년 7월에 각각 수정·보충한 형사소송법의 제98조에 "강압, 유도의 방법으로 받은 피심자, 피소자의 진술은 증거로 쓸 수 없다. 피심자, 피소자의 진술이 유일한 증거일 경우에는 그의 범죄를 증명하지 못한 것으로 한다. 자수, 자백한 자료도 그와 관련 있는 다른 증거를 찾아내야 인정한다"라고 규정하고 있다.

그러나 북한에서 피수용인들 특히 '정치범' 혹은 '정치적 범죄 혐의자'에게 가해지는 고문은 인간의 가학성(苛虐性)이 이념적 동기로 격려되고 '집단목표 성취'로 포장되면 나타날 수 있는 극단적인 사례로 보인다.

탈북자들 대부분은, 중국에서 체포·송환된 뒤에 그들이 중국에서 남한 사람이나 종교인들과 접촉했는지를 조사받으면서, 그리고 다시는 탈북을 시도하지 못하게 하려고 북한의 집결소, 국가안전보위부나 인민보안성의 구류장, 노동단련대 등에서 엄청난 구타와 온갖 비인격적인 처우를 받았다고 진술한다.[13]

〈표 3〉 고문 및 학대 피해에 대한 탈북자들의 증언 요약

피해자[14]	가해 주체	고문 및 학대 내용과 피해 결과	북한 국내 사후 조치 및 구제절차
ID 09	함경북도 온성군 안전부	긴 머리채를 잡고 머리를 벽에 찧음. 장작개비로 온 몸을 마구 때리고 양쪽 손목을 내리침. 장작개비로 왼쪽 쇄골을 잘못 맞는 바람에 쇄골이 부러지고 왼쪽 팔 전체에 마비가 옴. 손바닥과 주먹으로 얼굴을 마구 때리고 구둣발로 얼굴을 차기도 함. 가죽혁띠를 풀어온 몸을 때림. 계속해서 바른말을 하지 않는다고 폭행을 반복함. 마지막 날 한참 폭행당한 뒤 담당부장에게 동복 옷깃에 숨겨둔 돈 600원을 주고 살려 달라고 하자, 부장이 50원을 차비로 주고 이후 함흥으로 후송할 테니 눈치껏 중간에 도망치라고 해서 탈출에 성공함. 왼쪽 쇄골에 금이 감. 얼굴 전체가 붓고, 왼쪽 얼굴이 파래지고 시뻘게짐. 장작개비로 양쪽 손목을 맞아 손목이 퉁퉁 붓고 피멍이 듦.	구제절차 없었음.
ID 12	회령 보위부	오전 9시~12시, 휴식, 오후 2시~5시까지 일주일간 폭행당함. 족쇄로 머리 내리치기, 온 몸을 발로 차기, 뺨 때리기, 주먹으로 머리치기 등. 얼굴이 붓고, 머리에 혹 생기고, 온 몸에 멍이 듦.	구제절차 없었음.

피해자[13]	가해 주체	고문 및 학대 내용과 피해 결과	북한 국내 사후 조치 및 구제절차
ID 18	홍원군 보위부 경포지구	잠도 안 재우고 한자세로만 있게 함. 각목, 통고무벨트, 쇠사슬 등으로 구타를 했으며 피멍이 들고 살점이 떨어져 나갔음. 두 달 동안 일어나지 못했음. 그 후 평소에도 머리가 너무 아프고 방향감각이 없음.	나올 때 폭행당하지 않았다는 자술서를 작성하게 함. 구제절차 없었음.
ID 55	평양 군보위 사령부	손발을 뒤로 묶은 뒤 바닥에 닿을 정도로 매달아 놓고 구타를 하면서 각종 고문을 가하는 비행기고문. 겨울에 옷 벗기고 바깥에서 기마자세로 밤새 세워두는 동태고문. 3일 정도씩 식사를 제공하지 않고, 가혹행위를 함. 조사과정에서 매일 구타를 비롯한 각종 폭행을 당함. 예심원이 피해자가 진술을 하지 않을 경우 책상 밑에 있는 벨을 누르면, 2~3명의 젊고 건장한 고문가해자들이 고문장으로 데리고 가서 폭행과 각종 가혹행위를 했음. 오른쪽 갈비뼈가 1개가 부러져서 돌출되어 있음. 현재 뼈가 잘못 붙어 있어서 통증이 있음. 머리를 심하게 폭행당해서 당시 오른쪽 안구가 빠져 나온 적이 있음. 피해자가 즉시 손으로 밀어 넣음. 당시 치료를 받을 수도 없었으며, 손으로 누르고 있었음. 현재 그 후유증으로 오른쪽 눈의 시력이 몹시 나빠져 있음. 심한 구타로 머리가 여러 번 손상당함. 고문으로 인해 윗니 3개, 아랫니 2개가 부러짐. 허리를 심하게 맞아서 척추가 휘어졌고 허리 디스크장애가 있음.	구제절차 없었음.
ID 58	정보 없음.	무릎을 꿇게 하고 구두 앞 쪽에 징이 박혀있는 구두 발로 얼굴을 가격하는 과정에서 코 위에 상처가 생김.	정보 없음.
ID 60	함경북도 회령시 사회안전부 구류장 간수 00 분주소 주재원	두발을 족쇄에 묶어서 거꾸로 매달아 놓고, 몽둥이와 불갈고리로 때림. 수시로 전신구타와 폭행을 함. 아랫니 2개가 부러져 현재 아랫니는 틀니를 사용함. 정신적인 불안감이 있으며, 고문 당시 안면마비, 하반신 마비 증세를 보였음. 폐결절은 감옥생활 할 때 얻었음. 구타로 인해 양손이 붓고 잘 사용하지 못함.	구제절차 없었음.

사건의 성격에 따라 혹은 남북정상회담을 앞두는 등, 북한 정부가 내부단속을 강화하기로 결정한 특정 시기에는 보위사 령부로부터도 같은 처우를 받은 것으로 대한변호사협회에서

2006년에 실시한 100인의 탈북자 인터뷰조사에서 확인되었다.

위의 고문피해자 중에서 다음 사례(함북 회령시 **동, 198*년생, 2002년 탈북, 2003년 입국)는 예심과정에서 자행되는 고문의 실제적 관행을 알 수 있게 한다.

"북한에서는 입으로 시인하면 내가 하지 않은 것도 죄를 지은 것으로 된다. 한국처럼 과학적인 증거가 나오지 않아도 누가 살인자라고 신고를 해서 내가 살인자라고 인정하면 살인자로 된다. 반대로 내가 지은 죄도 끝까지 아니라고 우기면 죄가 되지 않는다. 이런 방법으로 법정에서 살아남은 사람도 많다. 악이 있는 사람들은 보위부 지하 감방에서 1~2년씩 있으면서도 끝까지 버텨서 죽은 사람들도 많지만 살아남은 사람들도 있다. 그러나 북한은 죄를 시인 받으려고 무조건 때리고 굶기고 고문하는데 끝까지 아니라고 우기면 북한에서도 어떻게 하지 못한다. 그 과정에서 죽은 사람도 많다. …… 북한에서는 예심 도중에 맞아서 죽으면 시신도 집에 보내지 않고 그냥 아무 곳에나 묻어버린다."

앞에 소개한 사례들은 북한의 헌법, 형법, 형사소송법 등에 기술된 관련 규정들이 전혀 지켜지지 않는다는 것을 여실히 보여준다. 이는 그 자체로 세계인권선언 제6조와 7조를 북한정부가 위반하는 것이다. 그리고 체포 및 예심과정에서 폭행과 각종 가혹행위를 가하는 것은 세계인권선언 제5조를 위반하는 것이다. 체포 후 무조건 죄인처럼 대하는 것은 세계인권선언 11조 1항을 위반하는 것이고, 김일성·김정일 가계 비밀을 언급하였다고 처벌하는 것은 11조 1항과 2항을 동시에 위반하는 것이다. 예심과정에서 고문으로 사망하게 한 것 자체가 큰 죄악이고 각종 북한 국내 법규들과 국제인권규범들을 위반하는 것이지만, 피살자의 죄가 여전히 남아있는 것으로 간주하여 그의 가족에게 해악이 미치게 된다는 것은 세계인권선언 11조 1항을 위반하는 것이고, 현대사회에서 금하고 있는 연좌제를 적용하는 것이다.

도강죄로 탈북자들을 처벌하고, 특히 한국행을 시도하였다고 사형 혹은 정치범 수용소에 보내는 등 엄하게 처벌하는 것은 이동 및 기주의 자유를 규정한 세계인권선언 13조 1항과 나라를 떠나고 돌아올 자유를 규정한 13조 2항을 위반하는 것이다. 그뿐만 아니라 타국에서 피난처를 찾을 수 있는 권리를 규정한 14조 1항을 위반하는 것이다. 탈북자들이 중국에서 종교인들을 접하였다고 극형에 처하는 것은 종교탄압으로 세계인권선언 18조를 위반하는 것이다.

북한이 아직 고문방지협약(고문과 기타 잔인하고 비인간적이거나 굴욕적인 처우나 처벌에 관한 협약)에 가입하지는 않았지만 모든 공식적인 문건이나 선언에서 고문을 강력하게 부정하고 있으므로 앞에 소개된 사례들은 북한정부가 고문방지협약에 규정된 내용을 준수하고 있다는 공약을 위반하고 있는 것이다. 그리고 북한이 가입한 시민적·정치적 권리에 관한 국제규약의 관련 규정들을 위반하는 것이다. 북한정부는 고문방지협약에 가입하여 제도적으로 고문을 막을 수 있도록 해야 한다. 그리고 일반 피해 주민이 개인통보제도를 활용할 수 있도록 시민적·정치적 권리에 관한 국제규약의 선택의정서에 가입해야 된다.

종교 및 신앙의 자유
: 또 하나의 유일신을 위하여

　북한정부의 공언과는 달리, 북한에서 종교 및 신앙의 자유
가 전혀 보장되지 않고 있는 것이 대한변호사협회의 2010년
탈북자 인터뷰 조사에서도 다시 확인되고 있다.

　대한변호사협회의 2006년 인터뷰 조사에서 북한에 어
떤 종교가 있느냐는 질문에 비밀리에 불교가 존재한다는
'ID025(2006)'의 답변 외에 형식상 불교, 기독교 등이 존재하
지만 일반주민은 신앙생활을 못 하고 미신과 무속신앙을 많이
믿는다는 대답이 전부였다. 대한변호사협회의 2008년 인터뷰
조사에서는 동일한 질문이 주어지지 않았지만, 응답자들의 진
술은 비슷한 내용을 담고 있다. 그런데 2010년 인터뷰 조사에
서는 6명의 응답자 중 3명이 북한에서 가정교회가 운영되고 있

구분		생산량	응답수	비율(%)	누적비율(%)
유효응답	예		110	67.9	67.9
	아니오		52	32.1	100.0
	합계		162	100.0	
결측	무응답		23		
합계			185		

다는 이야기를 들어본 적이 있으며, 그 중 2명은 가정교회에 참석해 본 적이 있다고 답하였다.

종교 때문에 직접 처벌받거나 다른 사람이 처벌당한 것을 목격한 여러 증언이 2010년 인터뷰 조사에서도 계속되고 있어서 북한에서 종교생활은 여전히 자유롭지 못하며, 목숨을 걸고 비밀리에 이루어지고 있는 것으로 판단된다.

그런데 2008년 조사에서 "어떻게 기독교나 천주교, 불교 활동을 하고 있었는지, 보거나 들은 것을 자세하게 말씀하여 주십시오"라는 질문에 대한 'ID001(2008)'의 답변을 통해 무속신앙도 처벌된다는 사실을 확인할 수 있다. 그리고 표본의 대표성 문제 때문에 '북한주민의 종교생활이 활성화되고 있다'고 일반화시킬 수는 없지만, 2006년, 2008년, 2010년의 조사 내용을 비교해 보면 응답자들 주변에서 종교생활이 실제로 이루어지고 있는 사례들이 점점 더 많아진 것을 느낄 수 있다.

즉, 2006년 조사에서는 주로 응답자 자신이 지난날 목격하고 경험했던 것이 '그때는 몰랐으나 알고 보니 기도였고 종교생활이었더라'는 식의 답변이 주를 이루었다. 그런데 2008년 조사에서는 "어느 할머니 집에 사람들이 여러 명 모여 음식도 맛 있게 해먹고 성경책도 읽고 노래도 부르고 했다", "중국에 살다가 기독교 신자가 된 친언니가 북한에 들어와 살면서 기도하는 것을 본 적이 많았다"고 진술하는 등 답변자 주변에서 종교생활이 실제로 이루어지고 있는 상황이 소개되고 있다. 2010년 인터뷰 조사에서는 더욱 다양한 종교생활과 처벌 사례들이 소개되었다. 그리고 이 사례들 중에는 정치범 수용소가 아닌 노동단련대에 보내지거나 노동교화형을 선고받은 경우도 여럿 있어 처벌의 수위에 변화가 있는 것이 느껴진다.

그런데 북한사회는 아직 주체사상을 국교화한 종교사회로 '당의 유일사상체계 확립의 10대 원칙'을 통해 김일성·김정일에 대한 숭배행위가 이루어지고 있으며, 종교의 성소(聖所)에 해당하는 '김일성혁명사상연구실'이 북한 전역에 45만 개나 갖추어져 있다. 소위 북한의 십계명인 '10대 원칙'은 주체종교의 이단자라 볼 수 있는 정치범과 사상범을 판단하는 기준이 되며, 북한의 모든 주민생활을 규제하는 궁극적인 규범으로 작용하고 있다.[15] 이런 상황에 대해 2008년 인터뷰 조사에 이어 2010년 조사에서도 많은 응답자가 계속 진술하고 있다. 따라서 북한에서 일반종교에 대한 자유로운 신앙 활동이란 허용될 수 없다.

북한의 공식통계를 보면, 해방 후 북한주민 916만 명 중 약 22.2%인 200만여 명이 종교인(천도교도 약 150만 명, 불교도 약 37만 5천 명, 개신교도 약 20만 명, 천주교도 약 5만 7천 명)이었다.[16] 물론 실제 종교 인구는 이보다 훨씬 더 많았을 것으로 남한의 종교

인들과 연구가들은 평가한다.[17]

그런데 6·25전쟁을 겪으면서 일반주민이 갖게 된 반미·반기독교 정서를 이용하여 북한정부는 종교탄압을 본격화했다. 그 과정에서 주민성분조사(1958~1960)를 통해 종교인과 그 가족을 '반혁명적 요소'로 규정하고 탄압한 것이 본격적인 시발점으로 보인다.

이어서 주민 재등록사업(1966~1967)에 기초한 3계층 51개 부류 분류 시(1967~1970), 천도교 청우당원, 기독교 신자, 불교 신자, 천주교 신자를 적대·복잡계층의 구성 부류들로 규정하여 감시·탄압하였다. 이때 파악된 종교인과 그 가족의 수가 약 10만 가구 45만 명이고,[18] 이 시기까지 약 40만 명의 종교인 가족들이 처형되거나 정치범 수용소에 수감된 것으로 추측된다. 그리고 숙청의 대상에서 살아남은 종교인 2세대 혹은 3세대들은 정부의 감시 속에 '반동분자'인 종교인 가족으로 분류·관리되고 있다.[19]

그런데 북한정부가 이처럼 '반 종교정책'을 취하는 것은 단순히 종교를 사회주의혁명에 장애가 되는 것으로 보는 마르크스주의 이념 때문만은 아니다. 그보다는 종교인들 혹은 종교단체들이 공산주의지배체제, 보다 구체적으로 김일성·김정일·김정은 정권에 대한 저항세력이 되는 것을 우려하여 탄압하는 측면이 더 강하다. 이는 북한정부가 유교에 대해 취한 정책이 어떠했는가를 통해 알 수 있다.

북한정부가 중·동부 유럽에서 사회주의체제가 연쇄적으로

붕괴하는 것을 목격하고 있던 1990년 10월 24일에 채택한 '조선민주주의인민공화국 가족법'에는 사회주의 대가정(전문), 부성추종의 원칙(제26조), 상대적으로 광범위한 친족의 범위(제10조), 부모·형제·자매·조부모·손자녀 간의 부양의무 규정(제27, 28, 35, 36, 37, 38조) 등 유교적인 전통을 잘 반영하고 있다. 이는 전통적 윤리규범을 정책적으로 흡수한 것이다. 즉, 가족규범과 정치윤리를 유기적으로 연결하여 '충성의 전이'를 통해 정치적 권위에 대해 무비판적인 지지와 복종을 이끌어 내기 위한 것이다.

이상과 같이 유교는 북한 최고지도부의 통치이념 창출과 권력운용, 그리고 사회·경제적 위기극복에 활용하고 있다. 그러나 기독교에 대해서는 대외선전을 위해 필요한 형식만 일부 갖추게 하고 일반주민의 실제 종교생활은 혹독하게 탄압하고 있다. 그러면서도 기독교의 유일신 사상은 '수령론'으로, 10계명은 '당의 유일사상체계확립의 10대 원칙'으로 활용하는 측면이 있어 북한의 종교 및 신앙에 대한 정책은 그것이 공산주의이념과 어떤 관계에 있는가보다 김일성·김정일·김정은의 권력운용에 장애가 되느냐 도움이 되느냐에 따라 결정된다는 것을 알 수 있다.

이처럼 북한 주민의 종교 및 신앙의 자유를 침해하는 것은 시민적·정치적 권리에 관한 국제규약 제18조를 위반하는 것이다. 그런데 유엔에서 2003년 이후 일련의 대북한 결의들을 채택하면서 이런 종교적 박해 문제에 대해 뜻밖에 일반적인 지적

(사상, 양심, 종교, 의견표현, 평화적 집회·결사, 정보 접근 등의 자유에 대한 광범하고 심각한 제약) 밖에는 하지 않았다.

현재 2만 명 이상 되는 한국거주 탈북자들을 상대로 상당한 관련 정보를 수집할 수 있을 것이다. 따라서 그간 '종교적 불관용(종교나 신념의 자유)'에 관한 특별보고관'이 북한의 초청을 기다리며 아무런 역할을 못했던 소극적인 자세에서 벗어날 수 있도록 실태조사와 자료들을 한국의 종교단체나 관련 비정부단체들(NGOs)이 제공할 필요가 있다. 그리고 구체적 사례들에 대해 고발장을 접수하는 일도 본 사안의 가시화·공론화를 위해 절실히 요구된다.

자의적 구금: 법은 멀고……

　　대한변호사협회의 의뢰로 2006년에 실시한 100인의 탈북자 인터뷰 조사에서 "수사기관이 체포할 때 법적 절차를 준수하는가?"라는 질문에 응답자의 90%가 아니라고 답했으며, "구금시설 수용 시 법적 절차를 준수하는가?"라는 질문에 71.1%의 응답자는 "영장 발부 없이 2개월 이상 수사를 계속했다"고 답했다. 그러나 이들에게 적용되었어야 할 북한의 1999년 형사소송법 제11조에는 "법에 규정되어 있지 않는 경우나 법에 규정된 절차를 따르지 않고서는 사람을 체포하거나 구속할 수 없다. 사람을 체포하였을 때에는 48시간 안으로 그의 가족 또는 소속단체에 체포 날자, 리유 같은 것을 알려주어야 한다. 검사는 비법으로 체포 구류되어 있는 사람을 발견하였을 때에는 그를 놓아주어야 한다"고 규정되어있다.

2008년 인터뷰 조사 대상자들은 66%가 유엔 인권위원회가 처음 결의를 채택한 2003년 이후에 탈북하였으므로 2006년 조사 대상자들보다 대체로 얼마간의 시간이 지난 뒤에 구금을 경험했을 터인데, 이들을 통해서도 형사법 및 형사소송법 적용 실태가 개선된 것으로 파악되지는 않는다. 이런 사실은 2010년 인터뷰 조사에서도 반복적으로 확인되고 있다. 즉, '체포, 구금결정서 등을 제시받았다'고 답한 사람은 4.7%에서 7.1%로, '체포, 구금되었을 때 수사기관에서 그 사실을 가족들에게 통지해 주었다'고 답한 사람들은 34.9%에서 39.7%로 각각 변화하였으나 표본추출의 문제를 생각하면 큰 의미를 부여하기는 어렵다.

2004년과 2005년에 개정된 형사소송법에는 모두 1999년 형사소송법 제11조의 내용을 더욱 자세히 세분하여 규정하고 있다. 제5조에 "국가는 형사사건의 취급처리에서 인권을 철저히 보장하도록 한다"라는 규정과 제8조에 "국가는 형사사건에 대한 취급과 처리를 이 법에 규정된 원칙과 절차, 방법에 따라 하도록 한다"라는 규정이 있다. 177조에 "법에 규정되어 있지 않거나 법에 규정된 절차를 따르지 않고서는 사람을 체포, 구속할 수 없다. 검사는 비법적으로 체포, 구속되어 있는 자를 발견하였을 경우 그를 놓아주어야 한다." 그리고 제167조에는 "예심원은 피심자에게 강제의 방법으로 범죄를 인정시키거나 진술을 유도하지 말아야 한다"는 등, 비법적인 체포, 구속과 강제적인 심문을 금지하고 있다. 또한 2004년 및 2005년 개정 형법에서는 "법일군이 비법적으로 사람을 체포, 구속, 구인 (중략) 한 경우에는 2년 이하의 로동단련형에 처한다(제252조)"라고 규정하고 있다.

'국가는 형사사건의 취급·처리에서 인권을 철저히 보장하도록 한다'라는 규정과 제8조에 '국가는 형사사건에 대한 취급과 처리를 이 법에 규정된 원칙과 절차, 방법에 따라 하도록 한다.'라는 규정이 있다. 177조에 '법에 규정되어 있지 않거나 법에 규정된 절차를 따르지 않고서는 사람을 체포, 구속할 수 없다. 검사는 비법적으로 체포, 구속된 자를 발견하였을 때 그를 놓아주어야 한다.' 그리고 제167조에는 '예심원은 피심자에게 강제의 방법으로 범죄를 인정시키거나 진술을 유도하지 말아야 한다.'는 등 비법적인 체포, 구속과 강제적인 심문을 금지하고 있다. 또한 2004년 및 2005년 개정 형법에는 '법일군이 비법적으로 사람을 체포, 구속, 구인(중략)한 경우에는 2년 이하의 로동단련형에 처한다(제252조).'라고 규정하고 있다. 그러나 2008년에 실시한 탈북자 인터뷰 조사에서 "수사 받을 때 범죄 사실에 대한 자백을 강요받았습니까?"라는 질문에 대해 응답자 대부분이 자백을 강요받았다고 진술했다.

2010년에 실시한 인터뷰 조사에서는 "만일 수사 받는 범죄 사실에 대해 부인할 때는 어떤 식으로 수사가 진행됩니까?"라는 질문을 하였는데, 대부분 응답자들이 폭력과 협박, 구금 연장 등으로 범죄 사실에 대한 인정과 억지 자백을 강요받았다고 진술하였다. 다음 두 진술은 이런 사실을 잘 말해준다.

"목을 묶인 채로 질문과 대답을 반복하는 것이다. 말을 하지 않으면 즉, 묻는 질문에 답변이 나오지 않으면 기합을 주라고 한다. 총 꼬질대로 머리고 손이고 사정없이 내려찍기도 한다. 인정사정 볼 것 없이 막 때리니까 말이다(ID 137, 2010)."

"내가 그러지 않았다고 해도 그렇게 발설하라고 하면서 임신한 상태에서 협박하면서 몽둥이로 두드려 패면서 겁을 주니까 아닌 것도 인정을 했어요. 양강도 도당 조직비서가 '여기서 하라는 대로 말하면 반혁명분자라고 걸리니까 맞아 죽더라도 아니었다라고 말해야 된다'고 해서 그 다음날 나는 사실 너희들이 겁을 주니까 그렇게 허위자백을 한 거라고 하면서 법이 왜 이러냐고 따지고 물었어요(ID 170, 2010)."

그런데 수사 받는 범죄 사실에 대해 부인을 하면 '형량이 늘어난다'는 주장과 '방면되었다'는 상반된 진술도 있었다.

2004년 및 2005년 개정 형사소송법 제178조에는, "체포, 구속처분은 형사책임추궁결정을 한 다음에 한다. 특별히 필요한 경우 형사책임추궁결정을 하기 전에 예심원은 검사의 승인을 받고, 체포, 구류구속처분을 할 수 있다. 이 경우 10일안으로 형사책임추궁결정을 하며 그렇게 하지 못하면 구류구속처분을 취소하여야 한다'라고 규정하고 있다.

그런데 '정치범'에 대해서는 또 다른 양상을 보이고 있다. 2006년 인터뷰 조사의 경우, 100명의 답변자 가운데 4명만이 '본인 확인을 하고 체포사실을 구두로 설명한 뒤에 수갑을 채우고 잡아간다'고 진술했고, 나머지는 모두 설명조차 없었다고 답했다. 대부분 본인 확인 후 간단히 물어볼 것이 있으니 잠깐 가자고 하며 수갑이나 새끼줄, 신발 끈, 흰색 밧줄 등으로 묶어서 데리고 가며, 심지어 족쇄를 채워서 데려가는 경우도 있다고 4명이 진술했다.

이 2006년 인터뷰 조사에서 2명의 답변자는 '다른 용무로 지정한 날에 방문하라고 하여 체포한다'며 탈북자 안혁이 1980년대에 경험한 것이 아직도 유효한 사실임을 확인시켜주었다.[20] 그리고 '야밤에 그 누구도 모르게 체포하여 끌고 간다'고 진술한 응답자도 3명 있었다. 이런 진술은 2008년 및 2010년 인터뷰 조사에서도 반복되고 있다.

납치된 피의자 중에 확실한 물증이 없는 '범죄' 혐의자들은 국가안전보위부의 비밀초대소 혹은 구류장으로 연행된다. 여기에서는 임의로 기간을 연장해 가며 조사를 벌이는데, 그 과정에서 억지 자백을 강요하며 얼마나 심한 폭력을 가하는지 피의자들 대부분이 간절히 자살을 원할 정도라고 한다. 그런데 탈북자 김혁, 문명옥, 배권철, 이영국, 지해남 등의 경우, 예심기간이 모두 북한의 당시 형사소송법에 기술된 최장 6개월을 넘지 않았지만, 신정애의 두 아들 장경철, 장경수와 질녀 장미화는

2003년 8월에 중국에서 체포되어 10월에 북한에 이송되었지만, 형 언도는 2004년 9월 초에 이루어져 실제로 거의 1년을 끌었다.

재판과 수감절차에 대해 국가안전보위부원 출신 탈북자 윤대일은 변호인이나 방청객은 없지만, 어느 정도의 요식절차는 거친다고 주장하고[21], 신정애의 두 아들과 질녀는 재판을 거쳐 각 10년과 5년의 교화형을 언도 받은 것으로 알려졌다. 그러나 신정애 자신은 재판절차 없이 1년간 요덕수용소 혁명화 구역에 수감되었다. 그뿐만 아니라 2006년 인터뷰 조사에 응답한 한 고문피해자도 재판 없이 요덕수용소에 3년 수감되었고, 2008년 조사와 2010년 조사에서도 정치범은 재판절차 없이 관리소(정치범 수용소)에 수용된다는 진술들이 많이 있었다.

그런데 안혁은 '중범자'로 판명될 경우에 형기도 알려주지 않고 완전히 밀폐된 호송차에 태워 별도로 교화소로 이송하는데, 그가 잡혀가는 것과 동시에 여러 명의 보위부원이 그의 집을 급습하여 전 재산을 몰수하고 그 가족을 관리소로 이송한다고 주장한다. 2004년 및 2005년 개정 형법 제27, 28, 33조에 '재산몰수형', 2000년 개정 공민등록법 제13조에 '공민증 회수'를 각각 규정하고 있어서 이는 현재까지 유효한 것으로 짐작된다.

결국, 북한에서는 대부분의 경우 범죄자 장본인은 물론 그 가족들도 어떤 죄목인지 어디로 가는지 영문도 모르는 채, 아무런 준비도 안 된 상태에서 수용소로 끌려간다는 것이다.[22]

그런데 2004년과 2005년의 형사소송법 개정 이후에도 상황이 크게 개선되었을 것 같지는 않다. 왜냐하면, 윤대일의 설명으로는 국가안전보위부는 모든 사건을 형사소송법에 따라 처리하는 것을 원칙으로 하지만, 김 부자 가계의 추문에 대한 언급이나 소문을 퍼뜨린 '8, 9번 사건(10호실 사건)'은 형사소송법에 규정이 없어서 지키지 않는다고 한다. 그래서 '김 부자의 권위를 손상시킨 행위'로 판명되면 재판도 없이 비밀리에 처형한다는 것이다.[23] 비록 형사소송법이 그 후에 개정되었어도 관련 조항이 여전히 없고, 이런 상황을 개선하는 데 아무런 작용을 못 하는 것으로 보인다.

이상과 같이 북한당국은 정치범을 체포·수감하는 과정에서 '죄형법정주의'를 부정하고 있으며, 가족연좌제와 같이 전 근대적이고 비인도적인 형사제도를 아직 운영하고 있다. 그뿐만 아니라 법에 규정되어 있지 않은 수용시설들이 많이 있다. 뒷장 (pp. 72~84, 정치범 수용소)에서 소개할 여섯 곳의 정치범 관리소 외에 군(軍) 내의 특수 수용시설들이 있다. 즉, 군대생활에서 과오가 있으면 체포·수감되어 영원히 못 나오는 비공개 지하 노동시설들이 있고, '뚝섬'이라고 부르는 군대 내의 반정부 군관 (군 장교)들만 수용하는 비공개시설이 있는데, 이 시설들은 법외의 구금시설들이라 피수용인들이 체포·구금되는 과정에서 법의 보호를 받을 수가 없다.

3차례에 걸친 대한변호사협회의 조사로 밝혀진 북한의 체포·구금 과정은 북한의 형법, 형사소송법 등 국내법에도 저촉되고, 북한이 가입한 '시민적·정치적 권리에 관한 국제규약'에도 위반되는 것이다. 아울러 현재는 이혼이라는 방법을 통해 배우자에 대해서는 그 피해가 다소 줄어들었지만, 직계 가족에게는 여전히 해당하는 연좌제나 재산몰수형, 공민증 회수 등은 세계 인권선언의 각 해당 조항을 위반하는 것이다.

이처럼 북한에서 자행되고 있는 자의적 구금과 그 과정에서 벌어지는 인권유린은 제도적·조직적으로 이루어지는 측면이 강하지만 가해자들의 자의적 행위인 경우도 많이 있다. 그러나 국내 구제절차가 작동되지 않아 상황이 더욱 심각하다.

국군포로 및 납북·억류자 문제
: 우리 모두의 역사적 유제

2003년 이래 유엔에서 채택한 일련의 대북한 인권결의들에서는 6·25전쟁 시 발생한 대규모의 한국군 포로 억류문제와 남한 민간인 납북·억류문제는 한국정부의 노력 부족으로 부각되지 못했다. 그런데 6·25전쟁에 관한 중국의 공간사(公刊史)인 『중국인민지원군 항미원조전사(中國人民志願軍 抗美援朝戰史)』에 따르면, 1950년 10월 25일부터 1953년 7월 27일 사이에 중공군에 의해서 만 37,815명의 한국군이 생포되었다.[24] 이 문헌에서 중국 측은 '살상', '포로', '투항'으로 전과(戰果)를 구분하고 있고, 이 37,815명은 포로와 투항인원을 합한 수치이므로 이 한국군 포로들은 종전 시 생존해 있었을 가능성이 매우 높은 것으로 판단된다. 그리고 같은 기간에 북한군에 의해 포로가 된

	작전 기간	한국군	유엔군	합계
유격전 시기	제1차 전역(1950년 10월 25일 ~ 11월 5일)	4,741	527	5,268
	제2차 전역(1950년 11월 25일 ~ 12월 24일)	5,568	3,523	9,091
	제3차 전역 (1950년 12월 31일 ~ 1951년 1월 8일)	5,967	367	6,334
	제4차 전역(1951년 1월 25일 ~ 4월 21일)	7,769	1,216	8,985
	제5차 전역(1951년 4월 22일 ~ 6월 10일)	5,233	2,073	7,306
	1951년 하계 방어 작전 시기(1951년 6월 11일 ~ 10월 30일)	652	334	986
진지전 시기	1952년 춘계 진지공고기간(1951년 12월 1일 ~ 1952년 3월 31일)	834	124	958
	전술반격과 상감령 방어 작전 기간 (1952년 9월 1일 ~ 10월 30일)	919	160	1,079
	1953년 봄 대 상륙작전 준비기간 (1952년 12월 1일 ~ 1953년 4월 30일)	555	134	689
	하계반격작전 기간(1953년 5월 1일 ~ 7월 27일)	5,577	250	5,827
합계		37,815	8,708	46,523

출처: 軍事科學院軍事歷史研究所 編著,
『中國人民誌願軍 抗美援朝戰史』(北京: 軍事科學齣版社, 1988).

한국군과 전쟁 초기 4개월간, 특히 개전부터 낙동강 방어전선
으로 후퇴하는 동안에 한국군 포로들이 많이 발생했을 것을
고려한다면, 공산측에 생포된 한국군 포로는 한국 국방부가
1994년에 공식집계했던 수치인 19,409명보다는 훨씬 많을 것
으로 추정된다.[25]

조사시점에서의 누락 가능성 때문에 정확한 계산은 사실상
불가능하지만, 현재까지 인용된 통계수치에 따라 다음과 같은
추론이 가능하다. 즉, 한국군 최종 실종자 102,384명에서 1951
년 말까지의 실종자 8만 8천 명을 뺀 수치인 14,384명은 전선
이 고정된 뒤에 실종된 것으로 판단할 수 있다. 그런데 이들 중
에서 중공군에 의해 포획된 한국군 포로는 7,885명이다. 북한
군에 포획된 포로도 있을 것이므로 한국군 실종자 중에서 포
로 발생비율은 60%가 훨씬 넘을 것으로 판단된다. 그런데 통

상 전선이 수시로 변하는 운동전(運動戰) 시기에 포로가 많이 발생하고, 북한이 부족한 전시인력을 한국군 포로로 충당하려 했다는 점을 고려한다면 1951년 말에 파악된 실종자 8만 8천 명 중에는 포로 발생비율이 훨씬 더 높을 것이다.

당시 공산측이 발표한 바로는, 공산군은 한국군을 포함한 유엔 측 포로를 1950년 6월 25일~12월 25일 사이에 38,500 명, 1950년 12월 26일~1951년 3월 25일 사이에 26,865명을 각각 포획했다.[26] 비록 발표된 포로의 수가 정치선전의 목적에서 과장되었을 가능성이 있지만, 그것은 앞의 가정을 확인시켜 준다. 1951년 말까지 중공군에 의해서 포로가 된 11,000~12,000명의 군인과 북한 인민군에게 포로가 된 정확히 알려지지 않은 군인의 수를 개전 후 최초 9개월 동안 포로가 된 65,365명에 더하면, 유엔군 측의 99,500명의 실종자(MIAs) 중에 80,000명 이상이 포로가 되었다는 결론을 내릴 수 있다. 이처럼 높은 유엔 측의 실종자 대 포로 발생비율에 따른다면, 한국군의 실종자(MIAs)들 중에서도 포로(POWs) 발생비율은 80%를 넘을 것이다.

이 비율(운동전 시기의 실종자 80%, 진지전 시기의 실종자 60%)에 따라 10만여 명의 한국군 실종자들 중에서 80,000여 명은 포로가 되었을 것이라고 확신할 수 있다. 이 포로 중에 적지 않은 수가 위험한 전시 복구 작업 과정에서, 혹은 생체실험을 포함한 각종 비인도적 학대로 희생되었어도 50,000~60,000명은 종전 시에 생존해 있었을 것이다. 그런데 유엔군(사실상 미군)은 미군 포로에 대해서만 관심을 갖고 절대다수를 이루었던 한국군 포로에 대해서는 별 관심을 갖지 않았다. 더욱이 포로 송환 방식에 주요쟁점이 형성되면서 한국군 포로들의 존재와 그들의 송환 여부 그 자체는 등한시 되어버렸다. 그리고 시간이 흐름에 따라 50,000명 이상의 한국군 포로들은 세인의 기억 속에서 점점 사라졌다.

6·25전쟁 당시 84,532명의 대한민국 국적 민간인들이 납북되었던 것으로 한국정부는 발표하였다.[27] 그러나 한국의 민간단체들은 12만 명 이상의 민간인들이 납북되었을 것이라고 주장한다.[28] 그런데 「한국전쟁 납북사건 자료원」에서 파악한 다섯 가지 명단(서울특별시 피해자명부, 6·25사변 피납치자 명부, 6·25사변 피납인사 명부, 실향사민 등록자 명단, 6·25동란으로 인한 피납치자 명부[29])에 수록된 112,627명 중에서 중복 등록된 사람들을 제외하면 96,013명의 신상을 확인할 수 있다.

이 96,013명의 납북자는 대부분 개전 초에 납치되었다. 간혹 1950년 9월에 납치된 경우도 있으나 이는 숨어 지내다 뒤늦게 발각되거나 혹은 유인책에 이끌려 나갔다가 납치된 경우인 것으로 보아서 납북계획이 미리 세워져 있었던 것을 알 수 있다. 그리고 내무서원들이 피랍인들의 거주지에서 직접 납치한 경우가 많은 것으로 보아서 정책적으로 납북이 이루어졌으며, 직장의 상사 명의로 출근하게 한 뒤에 납치하거나 친구를 동원하여 유인한 뒤에 납치했던 것으로 보아서 납북이 체계적이고 조직적으로 이루어진 것을 알 수 있다.

그러나 이와 같은 민간인 납북 사실에 대해 북한당국은 지금까지도 철저하게 부정하고 있다. 이들의 북한생활은 국군포로나 종전 후에 납북된 민간인들의 예를 통해 짐작할 수 있다. 그런데 이들 중의 일부는 북한의 정치범 수용소에 수용되어 처참하게 죽어 간 것으로 알려졌다.

북한정부는 휴전 이후 1955년 5월에 대성호 어부들을 납치하여 10명을 억류한 것을 필두로 하여 현재까지 총 3,721명의 어부를 납치하여 450명을 억류하고 있다. 그리고 1969년 12월에 대한항공 여객기 승무원 및 승객 중에서 11명과 1970년 6월에 납치한 해군함정 I-2정 승무원 21명을 억류하고 있다. 그 외에 북한은 1970년 4월에 노르웨이 대사관에서 납치한 교사 고상문과 1983년 7월에 납치한 재미 유학생 이재환, 1995년 7월에 중국 옌지(延吉)에서 납치한 순복음교회 목사 안승운 등을 억류하고 있는 것으로 알려졌다.[30]

아울러 북한정부는 일본인 16명, 레바논인 4명, 말레이시아인 4명, 프랑스인 3명, 이탈리아인 3명, 중국인 2명, 네덜란드인 2명, 태국인·루마니아인·싱가포르인·요르단인 각 1명을 억류하고 있는 것으로 알려졌다.[31]

그런데 북한당국이 저지른 비인도적 범죄행위의 극단적인 사례는 미성년자들을 납치하여 비밀공작원 양성에 이용한 것이다. 서해안에서 1977년에 납치된 당시 고교생 최승민과 이민교, 1978년 8월에 선유도 해수욕장에서 납치된 당시 고교생 김영남, 홍도 해수욕장에서 실종된 당시 고교생 홍건표와 이명우 등이 그 희생자들이다. 이는 김정일이 "6·25때 월북자는 나이가 많으므로 새로 남조선 사람들을 납치하여 공작에 이용하라"는 지시를 내림으로써 자행된 것이다. 따라서 이렇게 납치된 사람들이 더 있을 것으로 판단된다.

이 피랍·억류자들 중에는 1969년에 납치된 대한항공 스튜어디스 성경희, 정경숙 등과 같이 대남 방송에 활용되거나, 홍건표, 이명우의 경우처럼 대남 공작원들에게 한국의 실상과 말씨 등을 교육하는 '이남화 교육'의 교관으로 쓰이는 사람들도 있다. 북한공작원 출신 귀순자 안명진은 자신이 '김정일정치군사대학'에서 훈련을 받는 동안에 60여 명으로부터 한국의 정치·경제·사회·문화 등을 비롯하여 생활실상과 생활방법 등에 대해 교육을 받았다고 한다. 그리고 북한의 공작원 출신 최정남도 평양시 순안초대소에서 교육을 받는 동안에 홍 교관(홍건표), 마 교관(이명우의 가명)으로부터 안명진이 받았던 교육과 같은 내용의 교육을 받았다고 한다. 그러나 이용가치가 더는 없다고 판단되는 사람들은 정치범 수용소에 수용된 것으로 보인다.

그런데 6·25전쟁 시의 미송환 국군포로문제와 민간인 납북자 문제의 양 측면을 모두 가지고 있는 것이 베트남전쟁에서 베트콩이나 월맹군에 의해 생포되어 북한에 이송된 국군포로와 민간인 문제일 것이다. 국방부의 공식 발표에 따르면, 1964년 9월부터 '주월 한국군사령부'가 해체된 1973년 3월 말까지 베트남전쟁에 참전한 한국군은 32만여 명인데, 그 가운데 공식적으로 인정된 국군포로는 고작 3명이다. 한국 군인들과 비슷한 수의 한국 민간인들이 미국회사나 미군에 소속된 기술자로, 혹은 한국 상사(商社) 직원으로 베트남에 상주하고 있었다. 그런데 그들의 실종도 등한시되어왔다. 『느시』의 저자 박정환(朴正煥)의 경험과 미국 국방부의 1996년도 연구보고서 「국방부 포로·실종자 사무소 참조문서(Defense Prisoner of War/Missing in Action Office Reference Document)」 등은 더 많은 한국인 군인과 민간인들이 베트남전쟁 당시에 북한으로 강제 송환된 것을 보여준다.[32]

이들의 북한생활에 대해서는 거의 알려진 것이 없다. 그러나 6·25전쟁 당시의 국군포로나 민간인 납북자, 전후 납북자들의 삶을 통해 짐작할 수 있을 것이다.[33] 들의 문제에서 가장 어려운 점도 남한 정부가 그 실태를 제대로 파악하지 못하고 있는 상태에서 북한이 그들의 존재를 부정하고 있다는 데 있다.

그런데 남북한 관계가 진전되면 민간인 납북자 문제나 국군포로 억류자 문제가 해결될 것이라는 전망은 근거가 없음이 대한변호사협회의 의뢰로 2008년에 실시한 100인의 탈북자 인터뷰 조사를 통해 드러났다.

"재북 당시 남북관계 진전(남북 이산가족 상봉, 김대중 대통령 방북 등)이 국군포로에 대한 북한정부의 정책이나 태도에 어떤 영향을 주었습니까?"라는 질문에 모든 응답자가 부정적으로 답했다. 'ID 088(2008)'은 "김대중 대통령의 방북 이후에도 아무 변화가 없었기에 이제는 스스로 해내지 않는 한 남한 땅을 밟지 못할 것으로 생각해서 탈북을 결심하게 되었다"고 진술하였다. 특히 'ID 087(2008)'의 진술은 납북자나 국군포로 억류 문제에 대한 북한당국의 정책이 이중적임을 여실히 보여준다.

"북한에서는 보통 두 달에 한 번씩 한 시간 정도 사격훈련이라는 것을 해. 김대중이 평양에서 공동선언을 발표하던 날에는 아침 8시부터 오후 6시까지 사격훈련을 했어. 최대 규모의 훈련이었어. 북한 전역에 가장 무시무시하고 긴장된 분위기를 조성했어. 인민들에게 이런 분위기를 심어주기 위해 준비하여 시행한 훈련을 하면서 그날을 지냈어. 어떤 특정 부류의 사람들에게 유화책을 쓴다거나 시책에 변화가 생겼다면 북한 당국은 인민들에게는 우리에게 남은 것은 남침통일만이라는 것을 암시해주기라도 하듯 그렇게 보내."

의견 및 표현의 자유: '말 반동'

북한의 1998년 헌법(김일성 헌법) 및 2009년 개정헌법의 제 67조와 출판법 등 관련법에 '의견 및 표현의 자유'가 명시되어 있다. 북한정부는 각종 기회에 이를 근거로 내세우며 주민이 의견 및 표현의 자유를 구가하고 있다고 강조하고 있다. 그러나 북한의 1998년 및 2009년 헌법 제10조에 '조선민주주의인민공화국은 로동계급이 령도하는 로농동맹에 기초한 전체 인민의 정치 사상적통일에 의거한다'라고 기술하고 있다. 제63, 81, 85조에서 '전체', '인민의 정치 사상적 통일', '혁명적 경각성', '국가의 안전' 등을 강조하고 있어 개인의 의견 및 표현의 자유에 대한 침해는 제도적으로 뒷받침되고 있다. 그리고 일반주민의 실생활에서 헌법보다 더 우위에 있는 '당의 유일사상체계확립의

10대 원칙'이 개인의 의견 및 표현의 자유를 허용하지 않는 정도가 아니라 적극적으로 따르지 않으면 '정치범'이 되도록 규정하고 있다.

그뿐만 아니라 개인의 의견 및 표현의 자유를 억압하는 각종 통제장치가 발달하여 주민의 삶 속에 깊숙이 침투해 있다. 그리고 항시적 통제장치(국가안전보위부, 사회안전부·인민보안성, 국가검열위원회·국가검열성[34], 사회주의법무생활위원회, 인민반 등과 같은 감시장치와 여섯 곳의 정치범 수용소, 그 수가 알려지지 않은 집결소 및 노동단련대 같은 강제노동소와 노동교양소 및 교화소 등과 같은 처벌장치) 외에 '9·27 상무위원회'처럼 상황별 통제장치도 만들어 운용할 만큼 통제에 대한 정책적 대응이 신속하다. 또한 만 17세 이상의 전 주민 필적을 매년 갱신해가며 보유하여 반김·반정부 낙서·전단사건 수사에 활용한다고 전 국가안전보위부원 윤대일은 증언한다.[35] 이런 통제와 억압의 결과는 대한변호사협회의 3차례에 걸친 탈북자 인터뷰 조사에서도 실증적으로 나타나고 있다.

대한변호사협회의 2010년 인터뷰 조사에서 문항이 "정부가 허용하여 방송되거나 기사화된 국내외의 정치 및 경제뉴스"에 한정되었을 경우에 31.4%의 응답자가 자유롭게 이야기할 수 있다고 답하였다.

그러나 주관식 답변을 주시할 필요가 있다. 'ID 056(2010)'은 "내용을 이야기한다면, 한국(에 관한) 것은 경찰들과 인민들이 맞서 싸우는 데모 장면이 주로 방송되는데, 한국은 인민들

		응답수	비율(%)	누적비율(%)
유효응답	예	61	31.4	31.4
	아니요	133	68.6	100.0
	합계	194	100.0	
결측	무응답	6		
	합계	200		

이 이렇게 데모를 많이 한다는 이야기를 했다. 그런 이야기만 할 수 있다. 하지만 속으로는 생각한다. '우리는 이렇게 더럽고 회색 옷들만 많은데 데모하는 학생들 옷이 너무 밝고 예쁜 것이 아닌가?'라고 말이다. 하지만 이런 생각들은 말로 꺼내선 안 된다"며 결국 자유롭지 못한 것으로 진술하였다. 그리고 'ID 065(2010)'는 "허용해서 방송되었다 하더라도 TV가 그렇게 많지 않아서 무슨 내용이 방송되었는지도 잘 모른다. 국내외 소식에 대해서도 함부로 이야기해서는 안 된다. 혹시나 당국과 반하는 내용이 조금이라도 들어 있으면 밀고 될 수도 있다. 북한에서는 3명의 1명꼴로 스파이들이 있다. 그러니 아직은 조심해야 한다"고 진술하였다.

그런데 의견 및 표현의 자유 신장이라는 측면에서 바람직한 현상이 북한의 식량위기 이후에 나타나고 있는 것 같다. 즉, 대한변호사협회의 2006년 인터뷰 조사에서 "생활에서 '당의 유일사상 체계 확립의 10대 원칙'이 얼마나 준수되고 있습니까?"라는 질문에 일부 응답자들은 '전혀 혹은 거의 지켜지지 않는다'고 대답했으며, 적지 않은 응답자들은 '일부 혹은 형식적으로 지켜지고 있다'고 대답했다. 2008년과 2010년에 실시한 인터뷰 조사에서는 같은 문항이 없었지만, 응답자들은 다른 문항들에 답하면서 유사한 내용의 진술들을 많이 했다.

이처럼 '10대 원칙'이 잘 지켜지지 않는 현상은 의견 및 표현의 자유가 신장 된 결과라기보다 식량위기 이후 급격히 늘어난 '일탈현상'에 대해 국가의 통제 기제가 효과적으로 작동하지 못한 결과로 보인다. '10대 원칙'이 공직자들에게는 아직도 준수되고 있고, 일반주민에게도 자발적 동의를 이끌어 낼 수는 없지만 '생활총화' 등을 통해 '통제의 준거(reference)'로는 아직 구속성이 있는 것으로 보인다.

대한변호사협회의 2008년 인터뷰 조사에서는 '생활총화'가 정규 교육과정에서 얼마나 구속성이 강한지를 보여주는 진술들이 많았다.

"학교는 안 가도 생활총화에는 무조건 참석해야 합니다. 아파서 학교에 못 갈 경우, 오후에 생활총화가 있으면 학교에서 애들이 집으로 옵니다. 그래서 생활총화 하러 무조건 가야 합니다. 특히 김정일의 방침에 대한 훈시가 있을 경우 무조건 꼭 가야 됩니다. 생활 총화 안가면 엄마, 아빠부터 시작해 학교에 불려나갑니다. 어린애들이 안가면 부모에게 통지서가 가고 청소시키는 정도지만, 고등학생들이 안 갈 경우 머리에 딴 생각이 있는 것으로 여겨 처벌이 심한 것으로 알고 있습니다(ID 046, 2008)."

2006년의 탈북자 인터뷰 조사에서처럼 2008년의 인터뷰 조사에서도 "김일성·김정일의 초상화를 잘못 다루었거나, 훼손하여 처벌받은 사람을 보거나 그런 일에 대해 들어본 적 있습니까?"라는 질문에 거의 모든 응답자가 자신들의 주변에서 있었던 구체적 사례들을 소개했다.

"그게 몇 년도 인지는 정확히 모르겠는데, 회령시의 누군가가 노동신문의 초상화를 장판 밑에 깔았었어요. 그니깐 장판 밑에 초지를 노동신문으로 깔았다가 구들장 수리하는 사람이 그거 보고 신고했다고 합니다. 그리고 이것도 그저 소문만 들은 건데 초상화 뒤에 돈을 감추었다고 해서 처벌받은 사람 이야기를 들었어요. 그리고 혹은 초상화 유리를 깨 먹거나 그래도 처벌당하는데, 처벌은 보통 지방이나 시골로 추방하는 그런 식이죠(ID 011, 2008)."

"각종 유리를 팔아먹다가 초상화 유리 팔아먹고, 대형 초상화 유리 팔아먹다 걸린 사람들을 공개처형 했어요. 제 기억으론 2000년도 즈음에 그랬거든요, 시범사례로 그랬던 거 같아요(ID 014, 2008)."

그런데 1990년대 후반을 기점으로 상당한 변화가 있는 것 같다. 1970년대 후반에 함경북도 샛별 군에서 김**의 시아버지가 김일성초상휘장을 술과 바꾸어 먹어서 정치범 수용소인 함북 정거리 수용소에 끌려간 사건이나 1986년에 청진에서 'ID 001(2006)'의 철도전문학교 친구(무산군 **리 67년생)가 김일성 신문 사진으로 담배를 말아 피워서 4년 교화형을 받은 사례나, 'ID 003(2006)'의 어머니가 1993년에 옆집 아주머니와 다투다가 그 아주머니를 벽 쪽으로 밀어 목이 뒤로 젖혀지면서 김일성 초상화를 건드려 초상화가 바닥으로 떨어지는 바람에 그 아주머니가 '말 반동' 죄까지 포함하여 교화소 3년 형을 산 것과 같은 사례는 1990년대 후반 이후에 다소 줄어든 것 같다.

북한에는 의견 및 표현의 자유를 억압하는 대표적인 표현으로 '말 반동'이라는 죄명이 있다. 즉, 김일성·김정일 개인이나 정책, 체제에 대한 비판적 언행과 허용되지 않는 임의적 자기표현 등을 그렇게 지칭한다. 이에 대해 대한변호사협회의 2006년, 2008년, 2010년에 각각 실시한 탈북자 인터뷰 조사에서 다양한 사례들이 많은 응답자에 의해 소개되었다.

2006년 조사에서 'ID 075(2006)'의 증언으로는, 1994년과 95년에는 한 달에 두 번씩, 말을 잘못했거나 살인을 한 사람들 30여 명씩을 죽였는데 그에 대한 여론이 좋지 않자 중단했다고 한다. 그들은 "이놈의 세상 못 살겠다!"고 말했다가 잡혀가 총살당했다는 것이다.

2008년 조사에서는 "말을 잘못하여 처벌받는 경우, 어떤 말을 하면 안 되는지 3가지만 말씀하여 주십시오."라는 질문에 "남조선이 좋다, 잘 산다는 말도 안 되고, 중국이 개혁 개방해서 잘 산다는 말도 하면 안 됩니다. 김정일 가계에 대한 것은 당연히 안 되고요(ID 009, 2008)", "한국 대통령에 대해, 당에 대해 안 좋은 말, 김정일 사생활이 포함된 얘기를 하면 한 시간도 안 돼 잡혀 갑니다(ID 003, 2008)" 등의 답변을 했다.

2010년 조사에서도, 'ID 078(2010)'은 "내가 아는 사람이 중국에 친척이 있는 사람이었는데, 술자리에서 우리도 중국처럼 개방해야 한다고 그랬다고 한다. 그런데 고자질 들어가서 쥐도 새도 모르게 없어졌다"고 진술하였다. 그리고 'ID 006(2010)'은, "김일성·김정일의 초상화를 집집마다 모시고 있지 않은가. 그런데 98년도인가 어떤 사람이 중국과 무역을 잘하던 사람이었는데 당국에서 초상화를 사람들이 많은 곳에 세우라는 지도가 내려오자, '많이 모시라고 하면 변소간에다 모시지.' 이렇게 말했다가 잡혀갔다. 그 후로 보이지가 않는다"고 진술하였다.

그런데 2006년 조사에서 '헌 응답자'는 수령의 로선이 근 10년 동안 현실화되지 못했고, 극심한 식량난으로 탈북을 희망하는 사람들이 많아서 지금은 '말 반동'은 그대로 놔두고 '행동 반동'만 붙들어 간다고 주장한다. 이와 유사한 주장이 2008년 조사에서도 제기되고 있다.

"내가 보위부에 잡혀봐서 알았는데, 단순히 말을 해서 처벌 받는 사람은 이젠 좀 덜합니다. 그러나 심한 말을 했을 때는 크게 받습니다. 요즘 그런 사람들이 워낙 많아져서 기준이 달라졌어요. 배고프고 생활이 안 좋으면 좋은 소리 나올 수 없다고 인정하되, 대신 무조건 김정일, 김일성에 대한 지명공격일 경우 테러행위로 간주하여 무조건 수용소 행으로 변경됐습니다. 이를 8번, 9번 사건이라 하는데 8번은 김일성이고 9번은 김정일입니다. '죄는 뭐냐' 하면, '8번입니다', '9번이다' 하면 법관이나, 당 통제원들이 알아먹습니다(ID 076, 2008).[36]

북한에서 자행되고 있는 언론 및 표현의 자유에 대한 억압은 세계인권선언 제19조, 시민적·정치적 권리에 관한 국제규약 제19조와 제20조, 인종차별철폐협약 제4조 (a), (c) 및 제5조(d~viii), 아동권 협약 12조와 13조를 위반하는 것이다.

북한의 출판법(조선민주주의인민공화국 출판법, 1999년 1월 21일 수정) 제6조에는 '공민은 저작 또는 창작 활동을 자유롭게 할 수 있다. 국가는 광범한 대중을 저작 및 창작 활동에 적극 참가시키도록 한다.'고 규정하고 있다. 그러나 이 출판법 제47조에는 "출판지도기관과 해당 기관은 출판물을 통하여 기밀이 새여 나가거나 반동적인 사상과 문화, 생활풍조가 퍼지지 않도록 하며 인쇄설비를 등록하고 그 리용을 감독통제하여야 한다"고 규정하고 있다. 그리고 제48조에 "기밀을 루설시키거나 반동적인 사상과 문화, 생활풍조를 퍼뜨릴 수 있는 출판물은 생산, 발행, 보급과 반출입을 중지시키고 회수한다"라는 규정을 두고 있다. 그 뿐만 아니라 "등록하지 않고 리용한 인쇄설비는 몰수한다"는 규정(제49조)과, "이 법을 어겨 엄중한 결과를 일으킨 기관 기업소, 단체의 책임 있는 일군과 개별적공민에게는 정상에 따라

행정적 또는 형사적 책임을 지운다"는 규정(제50조)을 두고 있다. 이런 규정들은 북한 공민들이 저작 또는 창작 활동을 자유롭게 할 수 없도록 극도로 언론 및 출판의 자유를 억압하는 것이다.

이와 같은 법규들에 따라 북한에서는 팩스나 컴퓨터의 프린터도 등록해야 하며, 인쇄한 종이 매수까지도 감독하고 있어서 일반주민이 팩스나 컴퓨터의 프린터를 사용하는 것은 실제로 불가능하다. 이런 현상은 국제규범에 어긋날 뿐만 아니라 북한의 출판법 제6조에도 배치된다.

여성에 대한 폭력
: 대피처 없는 가정폭력 희생자들

　현재, 북한 내 가정폭력에 대해서는 대한변호사협회의 의뢰로 3차례 실시한 탈북자 인터뷰 조사를 통해 부분적으로 드러난 것 외에 어떠한 체계적 조사 결과도 알려져 있지 않다. 그러나 탈북자들의 증언이나 한국에 정주하고 있는 탈북자들의 가정을 보면 심각한 수준임을 알 수 있다. 유엔의 독립 인권전문가들은 2003년 11월에 북한의 「경제적·사회적·문화적 권리에 대한 2차 정기보고서」를 심사하면서 북한의 가정에서 자행되는 폭력에 대해 특별한 관심을 표명하고 적극적인 방지책 강구를 촉구하였다. 2004년에 유엔 인권위원회가 두 번째 대북결의를 채택할 때 이 주제에 대한 특별보고관을 추가로 지정한 것은 이를 반영한 것으로 판단된다.

대한변호사협회의 2006년 탈북자 인터뷰 조사에서는 90.7%의 가정에서 가정폭력을 경험한 것으로 나타났다. 인터뷰 응답자 100명 중 해당자 54명이 진술한 가정이 북한 전체 가정에서 차지하는 대표성의 문제 때문에 일반화시킬 수는 없지만, 이는 대단히 높은 비율이다. 설령 북한의 일반가정이 응답한 탈북자 54명의 가정이나 그들이 목격한 가정보다 다소 덜 폭력적이라 전제하더라도 다른 국가들에 비하면 극단적으로 높은 것이다.[37]

그런데 2008년과 2010년 인터뷰 조사에서 "귀하께서는 남편으로부터 심하게 구타당한 일이 있습니까?"라는 질문에 각각 8.2%와 8.3%만이 "예"라고 답하여 현저히 낮게 나타나고 있다. 이는 대단한 변화를 보이는 것이지만, 여전히 응답자의 대표성 문제가 있고, 응답 내용의 진실성 문제가 있어 유보적으로 받아들여야 할 것이다.

〈표 8〉의 경우, 문항 구성이 적절하지 못하여 정확한 추세를 판단하기는 어려우나 '대부분 세대에서 남편의 폭력이 있다'와 '일부 남자들이 아내를 때린다'를 합하면 2008년 조사에서는 98.1%, 2010년 조사에서는 98.5%로 2006년 조사보다 더욱 높게 나타나고 있다.

북한의 가정폭력 현황과 구제노력에 대한 가용 자료가 충분하지 않아 비교연구가 불가능하므로 현재로서는 일반적인 평가를 하기 힘들다. 그런데 서방국가들에서는 지역사회의 협력적 대응이 모이는 형태로 개입이 이루어질 때 가정폭력을 효과

〈표 8〉 북한의 가정에서 남편이 아내에 대한 폭력이나 욕설을
심하게 하는 경우가 있습니까? (2010년 조사).

도입량	빈도(명)	비율(%)	유효비율(%)
대부분의 세대들에서 남편의 폭력이 있다	92	46.0	46.0
일부 남자들이 아내를 때린다	38	19.0	65.0
기타	2	1.0	66.0
무응답	68	34.0	100.0
총합계	200	100.0	

적으로 줄일 수 있는 것으로 나타났다. 그리고 체포나 벌금형, 집중적 보호관찰, 상담 등 여러 형태의 개입들을 혼합하면서 지역사회 전반에 걸쳐 포괄적으로 접근할 때 유용한 결과들이 도출된다는 연구들이 있다.[38] 이런 연구결과들에 따른다면, 북한에서 남편의 가정폭력에 대한 주변 사람들의 반응과 개입 정도는 2006년 조사결과(우선 싸움을 말린다 26.4%, 간섭하지 않는다 54.7%, 아내 잘못으로 생각한다 9.4%, 남편의 성격 탓으로 생각한다 3.8%, 단속원에게 신고한다 3.8%)보다 2008년과 2010년 조사결과는 다소 나아진 것으로 나타났지만, 상황해결에 도움이 되는 수준은 아니다.

지난 3번의 탈북자 인터뷰 조사에서 매번 절대다수(2006년 조사 94.4%, 2008년 조사 88.7%, 2010년 조사 84.0%)의 응답자들이 가정폭력을 상담할 수 있는 기관이 없다고 진술하였다. 그리고 2010년 조사에서는 남편이 아내를 심하게 때려 당국에 신고하더라도 '아무런 처벌을 받지 않는다'고 52.7%가 답하였으며, 25.2%는 '신고한 사람이 이상한 사람으로 취급될 뿐이다'고 답하여 2008년 조사결과(54.5%, 10.9%)보다 더 부정적으로 나타났다. 이런 조사결과들은, 이 사안이 아직 북한에서 사회적으

〈표 9〉 2010년 조사, 아내를 심하게 때리는 남편을 보고 이웃들은 어떻게 생각합니까?

구분	생산량	응답수	비율(%)	누적비율(%)
유효응답	남의 집안 일일뿐, 아무런 생각이나 느낌이 없다	71	54.6	54.6
	남편이 괴팍하고 난폭한 사람이라고 생각 한다	43	33.1	87.7
	문제는 있지만 남자가 그럴 수도 있다고 생각 한다	5	3.8	91.5
	아내가 어떤 잘못을 했겠지 라고 생각 한다	4	3.1	94.6
	기타	7	5.4	94.5
	합계	130	100.0	
결측	무응답	70		
합계		200		

로 주목받지 못하고 있다는 것을 증명하는 것이다.

이는 병리적 현상을 아직 제대로 인식하지 못하고 있다는 것을 의미하며, 그래서 여성을 가정폭력으로부터 보호하는 데 필요한 입법조치를 아직 취하지 않는 것이다.[39]

북한에서 가정폭력의 발생빈도가 유난히 높은 것은 경제적 어려움에서 비롯된 생활고와 의식의 낙후성에 기인한다고 평가할 수 있다. 따라서 경제성장과 의식개혁이 선행되어야 개선될 것으로 보인다. 그러나 가정에서 여성에 대한 폭력을 근절시키기 위해 북한정부가 어떤 정책을 취했는지는 알려진 바가 없다.[40]

탈북자 문제: 밀어내기와 끌어당기기

탈북의 양상

통일부의 발표로는 2011년까지 한국에 입국한 탈북자의 누계 수치는 남자 7,765명, 여자 15,976명이다.[41] 이런 성비의 불균형은 2003년부터 두드러지게 나타나고 있다. 물론 이들이 전체 탈북자들을 대표하는 것이 아니어서 〈표 10〉에 제시된 수치상의 비율을 곧바로 일반화시키는 것은 무리가 있다. 그러나 탈북자들의 성비(性比) 구성에서 여성이 남성보다 월등히 높은 것은 많은 현장 활동가들이 관찰·보고 하는 바이다. 이는 탈북 과정에 제3자의 개입 즉, 인신매매(human trafficking) 혹은 인신밀수(human smuggling)가 작용한 결과로 해석된다.

구분	남성 (명)	여성 (명)	합계 (명)	여성비율
~1989년	562	45	607	7%
1990~1993년	32	2	34	6%
1994~1998년	829	118	947	12%
1999~2001년	563	480	1,043	46%
2002년	506	632	1,138	56%
2003년	469	812	1,281	63%
2004년	626	1,268	1,894	67%
2005년	423	960	1,383	69%
2006년	509	1,509	2,018	75%
2007년	570	1,974	2,544	78%
2008년	612	2,197	2,809	78%
2009년	666	2,261	2,927	77%
2010년	579	1,800	2,379	76%
2011년	819	1,918	2,737	70%
합계	7,765	15,976	23,741	67.3%

(출처 : '북한이탈주민 현황'을 재구성)

이런 해석은 연령분포 비율을 통해서도 가능하다. 즉, 〈표 11〉에 나타나 있는 바와 같이 20대와 30대의 탈북자들이 전체 탈북자들의 61%를 차지하고 있다. 그들의 비율이 압도적으로 높은 이유를 탈북에 유리한 그들의 신체적 활동성에서 찾을 수도 있을 것이다. 그러나 10대 탈북자들의 비율이 12%, 40대 탈북자들의 비율이 16%로 현저히 낮은 점과 아직 활동 할 수 있는 50대 탈북자들이 5%에 지나지 않는 점, 그리고 탈북

〈표 11〉 입국 시 연령별 유형 (2011년 9월 까지)

구분	0~9세	10~19세	20~29세	30~39세	40~49세	50~59세	60세 이상	계
누계(명)	906	2,618	6,124	7,020	3,603	1,112	1,027	22,410
비율	4%	12%	27%	31%	16%	5%	5%	100%

(출처 : '북한이탈주민 현황'을 재구성)

자들의 절대다수가 여성이라는 사실은 인신매매 혹은 인신밀수 조직의 선호도가 반영되었기 때문이다.

아울러 10세 미만의 탈북자들이 4%, 60세 이상의 탈북자들이 5%인데 비해 직업 분포도(〈표 12〉)로 보았을 때 '무직 부양'이 50%에 이른다는 사실은, 경제난·식량난이 초래한 가족해체로 10대의 미성년자와 젊은 가정주부가 인신매매 혹은 인신밀수 조직에 연루되어 탈북한 결과로 해석된다.

한국에 정착해 있는 탈북자 중에서 군인과 공작원이 3%나 차지하는 것은 특수한 남북한관계를 반영하는 것으로 보인다. 즉, 그들이 가진 정보의 가치가 남한 정착에 유리하게 작용할 것이라는 주관적·객관적 판단은 그들의 탈북에 '끌어당기는 효과(pull effect)'로 작용했을 것이다. 그런데 특이한 점은 중·동부 유럽 사회주의체제에서는 문화·예술분야에 종사하던 창조적 지식인 중에 체제 이탈자들이 많았는데 비해 탈북자 중에는 창조적 지식인들의 비율이 낮다는 것이다. 이는 예술분야에 대한 김정일의 특이한 관심과 통제, 특별한 시혜 등이 반영된 결과로 보인다. 다시 말해서 북한의 문화·예술분야 종사자들의 경우, 사회주의체제 하의 중·동부 유럽 문화·예술인들과

〈표 12〉 재북 직업별 유형(2011년 9월까지)

구분	무직, 부양	노동자	관리직	전문직	예술, 체육	봉사 분야	군인, 공작원	계
누계(명)	11,327	8,582	393	462	190	848	608	22,410
비율	50%	38%	2%	2%	1%	4%	3%	100%

(출처 : '북한이탈주민 현황')

는 달리, 창의성보다 상부의 지침과 관리에 대한 순종이 요구되는 한 측면을 보여주는 것이다.

대한변호사협회의 의뢰로 2010년에 실시한 200인의 탈북자 인터뷰조사에서 나타난 탈북 동기는, 정치적 요인들(정치적 탄압 17.5%, 체제에 대한 회의 9.0%, 자유에 대한 동경 10.5%)이 37%를 차지하여 경제적 요인(36.5%)이나 가족과의 재결합(22.0%)을 능가하고 있다. 즉, 탈북을 양산하는 데 '밀어내는 효과(push effect)'가 '끌어당기는 효과'보다 강하며, 밀어내는 효과도 경제적 요인보다 정치적 요인이 더 우세하다는 것이다.

보다 더 구체적인 탈북 동기를 묻는 "귀하가 탈북을 해야 했던 가장 중요한 이유는 무엇입니까?"라는 질문에서는 경제적 요인(중국에 가서 돈을 벌기 위해 17.5%)보다 정치적 요인(북한에서 미래가 불안해 8.0%, 북한에 자유가 없어서 13.0%)이 더 크게 작용했던 것으로 나타났다. 그리고 밀어내는 효과(단속·처벌을 피하려고 8.0%, 북한에서 미래가 불안해 8.0%, 북한에 자유가 없어서 13.0%)가 끌어당기는 효과(중국에 가서 돈을 벌기 위해 17.5%, 중국에 있는 가족을 만나기 위해 6.0%)보다 강하게 나타났다.

그런데 한국으로 오게 된 데에는 밀어내는 효과(북한의 단속과 처벌을 피하고자 4.0%, 중국에서 신분이 불안정 16.6%, 중국에서 살아가기 어려워 4.5%, 북한으로 되돌아갈 수 없어서 1.5%)보다 끌어당기는 효과(한국에 있는 가족과 함께 살기 위해 27.6%, 경제적으로 잘 살 수 있다고 해서 20.6%, 자유를 찾아 15.1%)가 월등히 강하게 작용하였다.

대한변호사협회의 2010년 조사에서 인신매매 혹은 인신밀

〈표 13〉 귀하가 한국으로 오게 된 가장 중요한 이유는 무엇이었습니까?

		응답수	비율(%)	누적비율(%)
유효 응답	한국에 있는 가족과 함께 살기 위해	55	27.6	27.6
	경제적으로 잘 살수 있다고 해서	41	20.6	48.2
	북한의 단속과 처벌을 피하기 위해	8	4.0	52.3
	중국에서 신분이 불안정	33	16.6	68.8
	중국에서 살아가기 힘들어	9	4.5	73.4
	북한으로 되돌아갈 수 없어서	3	1.5	74.9
	자유를 찾아 한국행 선택	30	15.1	89.9
	다른 이유	20	10.1	100.0
	합계	199	100.0	
결측	무응답	1		
	응답	200		

수를 경험한 탈북자들의 비율은 매우 낮게 나타났다. "탈북 후 중국인에게 시집가거나 특정한 일터로 팔려간 적이 있습니까?" 라는 질문에 86.2%가 없다고 대답했다.

이처럼 인신매매 혹은 인신밀수 경험자가 적게 조사된 것에 대해서는 3가지 다른 해석이 가능하다.

① 200명의 인터뷰 대상자가 전체 탈북자들의 모집합(母集合)에 비해 어떤 특정 부류로 편중되어 있어 전체적 추세를 반영하지 못하고 있다.
② 최근 탈북의 양태가 인신매매나 인신밀수보다 외부 조력자가 알선해준 브로커를 통해 이루어지고 있다.
③ 200명의 인터뷰 대상자 중에서 진솔한 답변을 하지 않은 사람들이 많이 있다.

〈표 14〉 탈북 방법은?

		응답수	비율(%)	누적비율(%)
유효 응답	합법적 절차를 거침	4	2.0	2.0
	몰래 도강함	195	98.0	100.0
	합계	199	100.0	
결측	무응답	1		
	합계	200		

〈표 15〉 탈북 안내자는?

		응답수	비율(%)	누적비율(%)
유효 응답	있었다	144	72.4	72.4
	없었다	55	27.6	100.0
	합계	199	100.0	
결측	무응답	1		
	합계	200		

〈표 16〉 중국으로 탈북 하는 데에 들어간 비용은 얼마였습니까?

		응답수	비율(%)	누적비율(%)
유효 응답	돈을 지불하지 않음	73	37.1	37.1
	돈을 지불하였음	124	62.9	100.0
	합계	197	100.0	
결측	무응답	3		
	합계	200		

　　대한변호사협회의 2008년, 2010년 인터뷰 조사에서 "사람 장사꾼이 여성을 속여서 탈북시킨 후 강제로 중국 사람에게 시집보낸 일을 보거나 들은 적 있습니까?"라는 질문에 2008년 69.1%와 2010년 55.0%의 응답자들이 그렇다고 답변했다. 특히, 2010년 인터뷰 조사에서 98.0%가 몰래 도강하였고(〈표 14〉), 72.4%가 탈북 시 안내자가 있었다고 하면서(〈표 15〉), 37.1%가 돈을 지급하지 않았다고 답하였는데(〈표 16〉) 이들은 인신매매 혹은 인신밀수 형식으로 탈북하였을 가능성이 높다. 따라서 첫째 해석과 셋째 해석도 유효한 것으로 판단된다.

〈표 17〉 귀하는 한국행 비용을 어떻게 조달하였습니까?

		응답수	비율(%)	누적비율(%)
유효 응답	북한에서 모은 돈	9	4.9	4.9
	중국에서 본인이 번 돈	11	6.0	10.9
	한국에 있는 가족의 도움	73	39.9	50.8
	중국 남편의 도움	2	1.1	51.9
	기타	88	48.1	100.
	합계	183	100.0	
결측	무응답	17		
	합계	200		

그러나 응답자의 39.9%가 한국에 있는 가족의 도움으로 한국행 비용을 마련하였다고 답변(〈표 17〉)한 것이나, 주관식 진술에서 친인척 등, 다양한 외부 조력자의 주선으로 브로커 혹은 탈북안내자를 만나게 되었다고 답변한 것으로 봐서 탈북의 양상이 변하여 인신매매 혹은 인신밀수의 비율이 낮아진 것일 수도 있다.

"북한에서 탈출하기 직전에 중국으로 가면 팔려가게 된다는 것을 알았습니까?"라는 질문에 관련자 27명 중에서 19명(76.0%)이 몰랐다고 답하였고, 6명(24.0%)만이 알고 있었다고 답하였다. 여전히 인터뷰 조사 대상자들의 대표성 문제 때문에 일반화시킬 수는 없지만, 이들에 한해서는 인신밀수보다 인신매매가 압도적으로 높은 비율을 차지하는 것이다.

국제규범에 따른다면, 인신매매는 착취의 목적으로 위협적 수단, 폭력이나 여타 형태의 강제수단의 사용, 납치, 사기, 기만, 권력남용 또는 상대방의 열등한 지위의 악용에 의해, 특정인에 대한 지배력을 가지고 있는 사람으로부터 약속이행의 대가로 금품이나 기타 이익을 수수하여 인신의 충원, 수송, 전송, 은닉

<표 18> 북한에서 탈출하기 직전에 중국으로 가면 팔려가게 된다는 것을 알았습니까?

		응답수	비율(%)	누적비율(%)
유효 응답	북한에서 모은 돈	9	4.9	4.9
	중국에서 본인이 번 돈	11	6.0	10.9
	한국에 있는 가족의 도움	73	39.9	50.8
	중국 남편의 도움	2	1.1	51.9
	기타	88	48.1	100.
	합계	183	100.0	
결측	무응답	17		
	합계	200		

또는 수령하는 행위로 정의된다. 이때 18세 미만 아동의 경우, 본인의 동의는 아무 의미가 없다. 위에서 말한 수단들이 사용되었다면 성인의 경우에도 피해자의 동의는 아무런 의미가 없다. 그러나 이 범주에 속하지 않은 성인들의 경우는 '인신밀수'에 해당되고 당사자는 불법월경자로 처벌의 대상이 된다.

그러나 탈북자들의 경우, 전술한 바와 같이 탈북 동기가 다분히 정치적이고, 탈북이 아사(餓死)를 면할 수 있는 유일한 기회란 점, 그리고 탈북자들에 대한 처벌의 성격과 내용에도 정치적 요소들이 크게 작용하고 있는 현실 등을 고려하면 탈북자들의 경우, 인신밀수와 인신매매를 구분하여 처벌과 구조를 결정하는 것은 큰 오류를 범하는 것이다.

2010년 인터뷰 조사에 응한 탈북자 200명의 출생지나 재북 거주지가 평안북도에 편중된 것은 중요한 의미가 있다. 즉, 지리적 위치가 탈북에 유리한 지역에 편중되어 있다는 사실은 물리적 통제만 약화되면 다른 지역에서도 탈북자가 양산될 것이라는 예측을 가능하게 한다.

추출된 200명의 대표성 문제와 출생지와 재북 거주지 간의 연계성 즉, 태어나서 탈북할 때까지 같은 지역에서 살았는지가 밝혀져 있지 않아 명확한 해석을 할 수는 없다. 이런 한계를 유보해 두고 해석하면, 출생지가 소외된 지역 즉, '성분'이 좋지 못한 주민이 많이 사는 지역인 함경북도가 56.5%를 차지하고 이는 '성분'이 탈북자들에게 "밀어내는 효과"를 발휘하는 것으로 해석할 수 있다. 이런 해석은 북한에서의 마지막 직업(《표 19》)과 부모의 직업(《표 20》), 북한에서의 생활 수준(《표 21》)을 통해서도

〈표 19〉 북한에서의 마지막 직업

		응답수	비율(%)	누적비율(%)
유효 응답	노동자	57	28.5	28.5
	농민	8	4.0	32.5
	사무원	19	9.5	42.0
	학생	12	6.0	48.0
	군인	5	2.5	50.5
	무직	13	6.5	57.0
	전업주부	30	15.0	72.0
	기타	56	28.0	100.0
	합계	200	100	

〈표 20〉 부모의 직업

		응답수	비율(%)	누적비율(%)
유효 응답	노동자	67	33.8	33.8
	농민	35	17.7	51.5
	사무원	27	13.6	65.2
	학생	1	0.5	65.7
	군인	12	6.1	71.7
	무직	19	9.6	81.3
	전업주부	10	5.1	86.4
	기타	27	13.6	100.0
	합계	198	100.0	
결측	무응답	2		
	합계	200		

<표 21> 북한에서의 생활수준

		응답수	비율(%)	누적비율(%)
유효 응답	최상	6	3.0	3.0
	상	21	10.5	13.5
	중	74	37.0	50.5
	하	86	43.0	93.5
	최하	13	6.5	100.0
	합계	200	100.0	

가능하다.

그런데 이런 해석에 상반되는 통계도 드러나고 있다. 일반적으로 북한 전체 주민대비 노동당원 비율이 13%~14% 정도 되는 데 비해 2010년도 인터뷰 조사에 응했던 200명의 탈북자 중에는 19.0%로 높게 나타나고 있다. 이런 현상은 체제 해체의 한 측면으로 해석할 수도 있겠지만, 외부정보를 얻고 탈북에 필요한 기회와 수단을 확보하는 데 당원들이 유리하기 때문으로 해석해야 할 것이다. 그러나 2006년 조사 대상자들 100명 중에는 노동당원 비율이 30.0%로 월등히 높았는데 비해, 2008년 인터뷰 조사 대상자들 100명 중에는 노동당원 비율이 8.0%로 오히려 전체 북한주민 대비 13%~14%보다 현저히 낮았던 것으로 봐서 2010년 조사 대상자들의 노동당원 비율이 높은 것은 표본추출의 문제일 가능성이 크다.

그리고 출생지의 경우, 함경북도가 56.5%를 차지하는 데 비해 거주지는 75.0%를 차지하여 현저한 차이를 보이는 것도 북한~중국 국경선까지의 거리 즉, 극복해야 할 물리적 장애가 많고 적음이 탈북에 영향을 미치고 있다는 것을 의미한다. 이는 전술한 바와 같이 북한 당국의 물리적 통제가 약화하면 다른 지역에서도 탈북자가 양산되리라는 것을 시사한다.

인신매매

정도의 차이는 있겠지만, 여성 탈북자들이 인신매매 혹은 인신밀수를 당하면서 거의 모두 정신적·육체적 폭력을 경험하게 된다. 10여 년 전에 「북한인권시민연합」은 중국 내몽골을 중심으로 한 현지조사를 통해, 탈북자들의 60%~70%가 여성이고 그 여성들의 70%~80%가 인신매매(인신밀수 포함)를 당했던 것으로 추정하면서, 거의 모두 다양한 형태의 정신적·육체적 폭력에 시달렸던 것으로 판단하였다.[42] 그러나 전술한 바와 같이, 대한변호사협회의 2010년도 인터뷰 조사에서는 13.8%만이 인신매매 혹은 인신밀수를 경험하였다고 진술하였는데, 그 비율이 각각 24.0%와 76%로 인신밀수가 압도적으로 많은 것으로 나타났다. 그러나 보거나 들었다고 진술한 탈북자들은 2008년 조사와 2010년 조사에서 각각 69.1%와 55.0%로 나타났다.

그런데 강제·납치에 의한 인신매매의 경우, 탈북여성들이 경험하게 되는 폭력피해의 정도는 더욱 심각하다. '강제·납치형 인신매매'는 보통 3단계로 이루어진다. 먼저, 1단계에서는 조선족 현지모집책이 국경지대에서 탈북여성들을 속임수와 협박으로 납치한다. 2단계에서는, 중간상이 피랍 여성들을 사서 중소도시로 이송한다. 3단계에서는, 중국 전문 인신매매조직이 개입하여 피랍 여성들을 중국의 내륙지방 혹은 대도시에서 매매한다.

국경지역에서 납치된 여성들은 국경 주변도시의 아파트, 빈집, 창고 등에 집결되어 거래자를 기다리게 된다. 이 단계에서 대부분 피랍 여성들에게 도망가지 못하게 옷을 벗기거나 폭력을 행사한다. 거래자와 흥정이 이루어지면 여성들은 차량이나 기차로 대도시 혹은 내륙지방으로 이송된다. 여자들은 나이, 미모, 결혼 여부 등의 등급에 따라 가격이 매겨지는데, 2000년에는 3단계 수요지역인 외몽골에서 2천 위안~5천 위안 정도(2000년 8월 내몽골의 가축가격: 양 1,300위안, 말 2,000위안, 육우 4,000위안)에 거래되는 것으로 조사되었으나, 2007년에는 1단계 공급지역인 국경지대에서 3천 위안~7천 위안에 거래되는 것으로 보도된 바 있다.[43] 아울러 중국 내 인신매매가 범죄 집단에 의해서 조직적으로 저질러지기 때문에 그 과정에서 탈출을 시도하다가 대부분 다시 잡혀 엄청난 폭력을 당하게 된다.

이런 인신매매 과정은 2010년 조사에서도 여전히 계속되고 있는 것으로 드러났다. "중국에서 팔려가는 과정에 대해 상세하게 말씀해 주십시오(강제성, 폭력, 브로커 등)"라는 질문에 응답자들은 다음과 같이 진술하였다. 'ID 180(2010)'은, "중국에 있던 가족에게 가려고 했어요. 도문까지 왔는데 도중에 같이 오던 남자들이 한족에게 나를 팔았어요"라고 진술하여 전형적인 강제·납치형 인신매매를 당했던 것으로 보인다. 'ID 062(2010)'는 "브로커가 중국에서 돈을 벌 수 있다는 거짓말을 하고 중국으로 데리고 갔다"고 진술하여 속임수를 쓴 인신매매를 당했던 것으로 판단된다. 'ID 177(2010)'도 "고난의 시기에 탈북해서 중국에 시집을 가는지 생판 모르고 갔다. 연천 쪽에서 아르바이트한다고 해서 따라갔다. 숙박하고 있는 민박집 주인이, 여자는 숙박 집에 있으면 안 된다고 해서 내지(內地) 라자구 지역의 할머니 집에 맡겨졌다. 다음날 한족 집에 팔려갔다. 나중에 중국말을 알게 돼서 내가 팔려온 줄 알게 됐다."라고 진술하여 속아서 인신매매를 당한 사례에 해당한다. 'ID 067(2010)'은 "안내자를 따라서 중국에 갔더니 한족 사람들에게 계속 나를 넘겼다. 중간 매자들이 돈을 남기면서 나를 연길에서 요녕성까지 넘겼다"고 진술하여 전술한 인신매매의 3단계를 모두 거친 전형적인 사례로 보인다. 'ID 084(2010)'도 "돈 벌러 간다고만 들었다. 브로커와 같이 강을 넘었다. 함경남도 무산을 통해서 산길을 7~8시간 걸었다. 도강한 다음에는 조선족이 거주하는 집이 있는데, 거기서 저녁밥을 해 먹고 용정 시내로 나왔다. 거기서 하룻밤 자고, 다른 브로커 손으로 넘겨졌다. 연홍성 개원시로 갔다. 들어와서 이틀 만에 팔려갔다. 이틀 만에 결혼할 사람을 만났다. 보니까 사람도 괜찮아서 그냥 결혼했다"고 진술하여 3단계를 모두 거친 사례로 보인다.

그런데 브로커 혹은 안내자들이 탈북여성들을 강간 혹은 윤간을 하는 것으로 보고되고 있다. 'ID 103(2010)'은, 자기를 처음 샀던 조선족 남자가 목단강 여관에 자기를 팔아넘겼고, 그 여관에서 60세가 넘은 중국인이 자기를 취하려 해서 자기가 거절하니까 다른 탈북여성을 대신 취했다는 것이다. 그 과정에서 자기를 대신 한 북한 여자가 "이것도 각오 못 했느냐?"라고 그래서 'ID 103(2010)'은 "난 시집은 가도 이렇게 브로커에게까지 바치지는 못하겠다'고 대답했다 한다. 그다음에도 브로커가 또 있었는데, 그놈한테는 내가 매독 걸렸다고 하며 10일을 버텼고, 그동안 신랑감을 골라 시집갔다'고 진술했다.

극단적인 사례이긴 하겠지만, 탈북과정과 중국 내의 3~4구역을 각각 안내하는 브로커가 다 다른데 각 구역 브로커들에게 강간 혹은 윤간을 당한 10대 소녀 탈북자 사례도 보고되고 있다.[44]

그런데 대한변호사협회에서 2006년에 실시한 탈북자 인터뷰에서는 "사람장사꾼(인신매매)이나 팔려가는 과정에서 폭력을 받은 적이 있습니까?"라는 질문에 직접 물리적 폭력을 경험한 사례는 13.2%로 낮게 나타났다. 이는 피해자들이 인신매매보다 인신밀수를 경험했기 때문으로 짐작된다.

그러나 2006년 조사에 응한 인신매매 경험자들의 진술을 심도 있게 경청할 필요가 있다. 'ID 08(2006)'은 자신의 경험에 대해 "올케언니의 오빠 부인과 아는 사람을 통해 동창과 함께 중국으로 팔려갔는데 5천 원(중국 돈)에 1차로 팔리고, 되팔려고 했으나 단속이 심해 18세 연상인 조선족과 흑룡강성 지역에서 1998년 4월부터 12월까지 동거하다가, 화북성으로 이동하였다'고 진술하였다. 'ID 88(2006)'은, 자신이 두만강 연선에 있을 때 40대 여자 둘이 밭에서 일하는 데에 있었는데, 그곳에서 데리고 나가서 파는 것을 보았다고 한다. "그 여자가 가다가 돌아와서 울면서 자기를 그런데 보내지 말라고 말하는 것을 봤으며, 그 여자들이 가고 난 다음에 밭주인하고 그 여자를 데리고 간 사람이 돈을 주고받는 것을 봤다"고 증언한다. 그리고 'ID95(2006)'는 자신이 납치당했을 때 팔려가기 싫다고 하니까 중국인들이 주먹, 발 등으로 폭행했다고 증언한다.

처음 두 사례는 직접 물리적 폭력을 경험했다는 진술은 하지 않았지만, 셋째 사례 'ID 95(2006)'의 경우를 통해 개연성이 있을 것으로 추측되며, 정신적 폭력이라는 또 다른 형태의 폭력을 경험한 것은 분명해 보인다.

탈북자들을 양산하는 요인들을 '밀어내는 효과'와 '끌어당기는 효과'로 나누어 봤을 때, 현재로서는 북한사회의 내부적 요인들이 초래한 '밀어내는 효과'가 더 강하게 작용하고 있다. 이 '밀어내는 효과'는 정치·이념적인 요소와 경제적인 요소로 구성되어 있다. 정치·이념적 요소는 현 체제가 지속하는 한 제거되지 않을 것이다. 그리고 북한의 경제상황이 소위 '빈곤의 늪'에서 빠져나올 가능성이 현재로서는 매우 낮다. 이는 북한 내부에 성장을 위한 투입변수(inject variables)가 거의 고갈되어 있고, 전력부문을 비롯한 중화학공업 부문의 설비들이 낙후된 에너지 다(多)소비형인데, 그나마도 거의 모두 노후화되어 있으며, 산업부문 전반에 걸쳐 필요한 기초 원자재들과 투자재원이 외부로부터 대규모로 유입되기 어렵기 때문이라고 경제전문가들은 진단한다.[45] 따라서 '밀어내는 효과'의 경제적 요소도 제거되기는 어렵다.

탈북자들의 국제법적 정체성이 인신매매를 당한 희생자인지, 인신밀수에 동참한 범법자인지가 논란거리로 부각되고 있으나 대부분이 인신매매의 희생자인 것이 밝혀졌고, 인신밀수의 형태를 띤 경우에도 북한의 현실적 여건에 비추어 범죄시만 할 수는 없다. 그들의 탈북 동기나 그들의 국제법적 성격, 그들이 처한 상황을 고려하면 그들은 '현장난민(refugee sur place)'이다.

북한에서 자행되고 있는 영아살해는 그 자체가 반인륜적 살인행위이지만, 그것이 인종적 이유로 체계적으로 이루어지고 있다면 이는 제노사이드 범죄에 해당한다. 영아살해의 체계성 여부는 차치하더라도, 강제송환된 탈북여성이나 정치범 수용소 여성 재소자들이 임신한 경우, 유도분만 시키거나 자연 분만한 후에 아이를 살해하는 것은 '모든 아이는 결혼에 의한 출생이든, 혼외 출생이든 동일한 사회적 보호를 누릴 수 있다.'고 규정한 세계인권선언 제25조 2)항을 위반하는 것이다. 이는 북한정부만이 아니라 한국 및 중국 정부도 예방조치들을 취해야 할 의무에 대한 국제규범들을 위반하는 것이다.

정치범 수용소

북한의 집단수용소로 여섯 곳의 대규모 정치범 수용소 외에 서방세계의 감옥에 해당하는 노동교양소와 교화소가 있다. 그리고 집결소, 노동단련대 등과 같이 단기간 수용되는 강제노동소 외에 식량사정 악화로 급격히 늘어난 유랑·걸식인들을 수용하는 시설 등이 있다. 그런데 앞에 소개한 군(軍) 내의 수용소 '뚝섬'을 제외하면 북한주민의 인권을 가장 심각하게 유린하는 곳은 정치범 수용소이다.[46]

정치적 탄압을 위한 수용소의 탄생

북한의 강제수용소는 해방 직후부터 있었던 것으로 보인

다.[47] 그런데 오늘날의 강제수용소 모습으로 변해 간 과정에 대해서 다소 다른 설명들이 있지만, 공통으로 지적하는 사실은 김일성·김정일의 권력투쟁과 계급정책이 결정적인 계기가 되었다.

먼저, 탈북자 김용의 주장에 따르면 국가안전보위부가 운영하는 정치범 관리소는 1972년에 당시 국가보위부장 김병하의 발의와 "종파분자와 계급의 원수는 그가 누구이건 3대에 걸쳐서 씨를 없애야 한다"는 김일성의 교시로 설립되었다고 한다.[48] 이는 '로마규정(1998년 6월, 이탈리아 로마에서 열린 유엔 전권외교회의가 채택한 상설적인 국제형사재판소 설립을 위한 규정)' 제7조 상의 '절멸'에 해당한다.

그리고 김용은 북한 정치범 수용소의 초기 모습에 대해 다음과 같이 설명한다. 즉, 1968년에 황해남·북도의 군사분계선 주변지역 즉, 개성, 금천, 용연, 장연, 안악, 은율, 취하, 장풍, 개풍, 판문 등지에 거주하던 월남자 가족과 6·25전쟁 당시 치안대 가담자, 한국군과 미군에 협조한 자, 지주, 친일파 본인들과 그들의 가족을 북쪽의 주민과 거주지역을 교환한다면서 화차에 실어서 12곳의 험준한 산악지역에 설정해 놓은 특수구역으로 대대적으로 이주시켰다는 것이다. 이들에 대해 외부와의 접촉은 물론 서신 거래도 못 하게 하는 등 사회와 완전히 차단했다는 것이다.[49] 이와 같은 조치들은 '로마규정' 제7조 상의 '주민의 추방 또는 강제이주'와 '동일시될 수 있는 집단이나 집합체에 대한 박해' 및 사람들을 체포·구금 또는 유괴한 후, 그들의 운명이나 행방에 대한 정보의 제공을 거절하는 '사람들의 강제실종'에 해당된다. 그리고 이 조치들이 1966년 4월에 실시한 주민의 사상조사, 즉 '주민 재등록사업'과 1967년 5월에 '유일사상체계'를 노동당의 공식노선으로 채택한 뒤에 취해졌으므로 '로마규정' 제7조 상의 '국가나 조직의 정책에 따라 민간인 주민에 대해 광범위하거나 체계적인 공격의 일부'로서 그 공격에 대한 인식을 하고 행해진 '인도에 반한 죄'를 범한 것이 된다.

그런데 그 무렵에는 수용소의 형태를 아직 완전히 갖춘 것이 아니었고, 수감자 관리와 시설 운영은 사회안전성(현 인민보안성) 안전과가 담당했다. 격리 수용된 사람 중에서 본인에 한해 죄가 엄중하다고 분류된 사람들은 개천교화소와 청진에 있는 수성교화소를 정치범 교화소로 고쳐 별도로 수용한 것이 정치범 수용소의 시작이라고 외부세계에서는 보고 있다.[50]

그러나 전 북한노동당 비서 황장엽과 탈북자 강철환은 정치범 수용소의 시원(始原)을 이보다 더 앞선 시기로 보고 있다. 황장엽은 '통제구역'이 1956년 '8월 종파사건'에서 유래되며, 처음에는 '종파분자'만 보내다가 나중에는 정치범을 수용하게 되었다고 증언하였다. 김일성이 '종파분자들의 가족들을 산간벽지로 격리시켜 살게 하라'고 해서 1958년 말에 평남 북창군 소재 득장 탄광 지역에 최초로 '통제구역'이 설치되었다고 황장엽은 진술하였다.[51] 강철환은 자신이 요덕수용소에서 들은 바로는 함경남도 요덕군에는 1959년 이전에 이미 강제수용소 일부분이 건설되고 있었던 것 같다고 한다. 요덕군의 비옥한 지역에는 원주민(原住民)들이 살고 있었는데, 어느 시기부터 타지(他地)에서 추방당해 온 사람들이 원주민과 섞여 살게 되었다고 한다. 1959년경부터 원주민에 대한 강제이주가 시작되어 1964년경에는 완료되었다는 것이다.[52] 이런 조치는 1958년 연말에 시작되어 2년간 계속된 '중앙당 집중지도사업'과 깊은 연관이 있고, 이런 맥락에서 요덕수용소가 탄생된 것으로 추측된다. 이와 같은 조치들은 시점상 '로마규정'이 채택되기 이전에 취해졌지만, 내용과 성격은 전술한 바와 같이 '인도에 반한 죄'에 해당한다.

그런데 김일성이 1968년에 "관리소 안에서 계급의 원수들이 폭동을 번번이 일으킨다면 군대를 배치해서 다시는 폭동을 일으키지 못하도록 해야 한다"고 교시를 내렸던 것으로 봐서 1968년 이후에 각 경비소에 군대(경비대)가 배치되어 오늘날의 수용소 형태가 되었던 것으로 보인다.[53] 따라서 1968년 또는 1969년경을 오늘날의 정치범 수용소의 시원으로 볼 수 있을 것 같다.

그 후 1980년 노동당 6차 대회에서 김정일이 당권을 장악한 후에 권력세습 반대자를 숙청하는 과정에서 15,000여 명을 '특별독재대상구역'에 수감하였으며, 1990년대에 들어와서 중·동부 유럽에서 공산주의체제들이 붕괴하자 내부통제를 강화하면서 '특별독재대상구역'이 확대·개편되었다고 한다. 그래서 1997년경부터 평남 개천, 함남 요덕, 함북 회령·청진 등지에

약 20만 명을 수감하고 있는 것으로 추정하고 있다.[54]

이와 같은 집단적·체계적·지속적인 인권유린들은 명백히 '로마규정'을 위반하는 행위들이다. 그러나 '로마규정'을 적용하는 데 2002년 이전의 행위에 대해서는 시점상의 문제가 있고, 그 후의 행위들에 대해서도 북한이 가입국이 아니므로 유엔 안전보장이사회의 결의를 얻어내야 하는 현실적인 어려움이 있다. 그런데 북한이 1981년에 '경제적·사회적·문화적 권리에 관한 국제규약'과 '시민적·정치적 권리에 관한 국제규약'에 각각 가입하였고, '집단살해범죄의 방지와 처벌에 관한 협약'에 1989년에 가입하였으며, '아동의 권리에 관한 협약'에 1990년에 가입하였을 뿐만 아니라, 2001년에는 '모든 형태의 여성차별 철폐에 관한 협약'에도 가입하였다. 따라서 북한정부가 이 국제인권 규범들의 해당 규정들을 위반하고 있다는 사실을 부각시켜 공식적 언명이 족쇄가 되어 돌아오는 '부메랑 효과'를 기대할 수 있다.

정치범 수용소의 종류와 변화

북한당국이 1990년대에 들어와서 기존의 정치범 수용소 12개소를 통폐합하여 현재 국가안전보위부가 관리하는 5개소와 인민보안성이 관리하는 1개소가 있는 것으로 파악되고 있다. 이 집단수용소들은 대부분 피수용인들이 공민권을 박탈당하고 종신 수용되는 '완전통제구역(특별독재대상구역)'이나, 15호 요덕수용소의 일부 지역과 18호 수용소는 피수용인들이 공민권을 유지하며 일정한 형기를 마친 후 출소 할 수 있는 '혁명화구역(혁명화대상구역)'이다.[55]

먼저 14호 관리소는 평안남도 개천군 보봉리와 외동리에 있으며 $280km^2$ 정도의 크기에 약 5만 명이 수용되어 있다. 이 관리소 내에서 태어나 자란 신동혁은 이 수용소가 1983년에 이전하기 전에는 평안남도 개천과 봉창을 포함한 지역에 있었다고 진술한다. 1950년대 말~1960년대 말 사이에 김일성 체제에 반대했던 당·정·군의 고위관료들과 그들의 가족과 친지들이 주로 수용되어 있다.

탈북자 김용의 경우를 보면 간첩죄로 처형된 사람들의 가족도 수용되는 것으로 보인다. 김용은 아버지가 1957년에 간첩으로 몰려 처형된 뒤 호적을 위조하여 전쟁고아로 신분위조를 했다가 뒤늦게 발각되어 1993년 5월에 수용된 경우이다. 당시 14호 관리소에는 비슷한 처지인 사람들이 많았다고 한다.

신동혁의 진술로는 이 수용소는 본 마을과 5개 골안(골짜기)으로 구성되어 있는데, 처음 수용되면 주로 4, 5호 골안에 수용되어 독신생활을 하다가 일을 잘하면 1, 2, 3호 골안으로 옮겨져서 정상적인 결혼 생활은 못해도 '포상결혼'을 하여 아이도 낳을 수 있으며, 아이들은 학교에 다닐 수 있다고 한다. 4, 5호 골안 피수용인들은 골 밖으로 나올 수 없어서 아이들은 학교도 다닐 수 없다고 한다. 신동혁은 자신이 2005년 1월에 탈출할 때까지 골안으로 새롭게 들어온 사람은 많이 보았어도 방

면되어 나가는 사람은 못 보았다고 한다.[56)]

15호 관리소는 함경남도 요덕군에 있어 요덕수용소로 알려져 있다. 약 $460km^2$의 면적에 5만 명 정도가 수용되어 있다. 피수용인들은 주로 월남자 가족, 지주와 자본가 가족, 재일교포 가족 중에서 당과 국가에 대해 불만을 표현한 사람들이다. 그런데 이 수용소에는 당·정·군에서 '혁명화 대상자'로 분류된 사람들도 수용되어 있다고 한다. 이 관리소는 강철환이 1977년부터 1987년까지 수용되어 있던 곳으로 1992년에 탈북해서 한국에 온 이후 탈북자 안혁과 함께 그 실상을 외부에 알려 왔다. 그리고 1990년대 말부터 탈북자들이 늘어나면서 이 수용소의 혁명화 구역에서 출소한 탈북자들도 잇달아 입국하고 있어 비교적 최신 정보를 얻을 수 있는 곳이기도 하다.

함경남도 화성군 고창리에 있는 16호 관리소는 아직 그 규모가 알려지지 않았으나 1만 명 정도가 수용되어 있다. 전 부주석 김동규의 경우처럼, 1970년대~1980년대 초 사이에 김정일 후계체제 형성과정에서 이에 반대하여 반당·반혁명 분자로 분류된 사람들이 주로 수용되어 있다.[57)]

함경북도 회령시에 있는 22호 관리소는 그 크기가 중봉리, 굴산리, 행영리, 락생리, 사을리, 남석리 등에 걸쳐 약 650 km^2에 이르며 5만여 명이 수용된 것으로 알려졌다. 이 수용소는 1974년에 설립되었는데, 일본강점기 지주, 순사, 자본가, 기생, 종교인, 월남자 가족, 종파분자 가족, 유일 체제 반대자 가족, 치안대 가담자 가족이 수용되어 있다. 그래서 25세~45세가

70%를 차지하고, 남녀 성비도 4 대 6 정도가 된다고 한다.[58]

25호 관리소로도 불리는 청진시 수성 정치범 교화소는 청진시 수남구역에 위치하며, 약 3천 명이 수용되어 있다. 여기에는 평양에서 추방된 인사들의 가족, 종교지도자 가족, 재일교포 가족 등으로 국가·사회체제에 반항했거나 불만을 품은사람들이 수용되어 있다. 그 실례로 과거 재일교포 출신 강회택의 가족이 수용되기도 했으며, 황해남도의 목사와 장로들의 가족이 수용되어 있다고 한다.

인민보안성(구 사회안전부)에 소속된 18호 관리소는 평안남도 북창군 득장리에 위치하며, 2만 5천 명 정도가 수용되어 있다. 이 수용소는 1983년에 14호 관리소가 대동강 북쪽으로 옮겨가면서 그 자리에 생긴 것이다. 여기에는 월남자 가족, 종교인 가족, 상습범죄자 가족, 혁명화 대상자들이 수용된다. 이들은 의사(醫師) 황순일의 경우처럼 사회제도에 불만과 불평을 토로하다가 억류된 사람들로서 공민권은 유지하며, 일정 기간 수용된 뒤에는 사회에 환원된다고 한다.

그런데 이 18호 관리소의 최근 변화에 대해서는 알려진 바가 없지만, 15호 요덕 관리소는 1990년대 중반 이후 거의 '완전통제구역'으로 전환되었다. '혁명화 구역'의 규모가 줄어든 것은 가족연좌제에 따라 가족 전체가 수감됐던 과거와 달리 당사자만이 수감되는 형태로 바뀌었기 때문이다. 그러나 이것만 가지고 북한의 인권상황이 개선된 것으로 보기는 어렵다. 이는 북한 위정자들의 인권의식이 신장한 결과라기보다는 경제난과

극심한 식량난으로 사회질서가 과거처럼 유지되기 어려워졌고, 탈북자들이 워낙 많아 이들을 모두 과거처럼 엄하게 처벌할 수 없는 현실의 반영이라고 봐야 할 것이다.

15호 관리소는 1987년 이전에는 요덕군 구읍리, 립석리, 대숙리를 포함해 수용소 면적 절반 정도가 '혁명화 구역'이었고, 벼농사가 가능한 평야 지대인 룡평리, 평전리가 '완전통제구역'이었다. 그러나 1987년경 구읍리, 립석리 혁명화 구역이 완전통제구역으로 전환되면서 이 지역에 수감되어 있던 가족세대는 15호 관리소의 끝자락에 있는 대숙리로 옮겨졌다. 그래서 수용소의 80%가 '완전통제구역'으로 변하고 대숙리만이 혁명화 구역으로 남았다.[59]

그리고 1990년대 중반에 다시 혁명화 구역의 가족세대가 완전통제구역으로 옮겨가거나 대거 출소하게 되는 큰 변화가 있었다. 1995년에 출소한 이영희(가명, 증언 당시 38세)의 진술에 따르면 혁명화 구역의 수감자들은 1987년부터 꾸준히 풀려나기 시작했는데, 일본에서 온 북송 교포 세대가 먼저 나가고 일반 세대도 점차 풀려났다고 한다. 강철환도 기억하고 있는 수감자들로, 1984년에 일본에서 남편을 만나기 위해 북한을 방문했다가 아들·딸과 함께 수용소에 수감됐던 이춘옥의 가족은 출소해서 함남 고원군에 거주하고 있는 것으로 알려졌다. 그러나 20년 이상 장기 수용돼 '관리소 고정재산'으로 불리던 북송 교포 김대인의 가족과 박순옥의 가족은 다시 완전통제구역으로 들어갔다고 한다. 이들처럼 '악질반동'으로 분류된 가족세

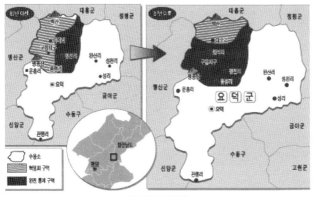

15호 관리소의 변화
출처: (강철환, NKchosun.com, 2001/11/06)

대는 '완전통제구역'으로 이동시켰다는 것이다. 관리소 측은 이들을 사회로 내보낸다고 안심시킨 후에 사람과 짐을 국가안전보위부 트럭에 싣고 이동시켜버렸다고 한다. 여기에는 재독(在獨) 학자 송두율과 작곡가 윤이상의 권유로 가족과 함께 북한에 들어갔다가 남한 인사 납북을 위해 다시 유럽으로 나온 후 탈출하여 한국으로 돌아온 오길남의 부인인 신숙자와 두 딸 혜원, 규원이 포함돼 있다고 한다. 그리고 최초의 김일성 전용기 조종사였다가 1978년에 '곁가지사건(김정일의 이복동생 김평일과의 권력투쟁 사건)'으로 수용됐던 김형락과 그의 아들·딸, 그리고 1978년에 월남한 이영선의 부모 형제들도 포함돼 있다고 한다. 혁명화 구역에 남게 된 800~1,000명가량의 독신자는 대부분 외국파견자, 북한 내외에서 체포된 탈북미수자들이라는 것이다.

이상과 같이 정치범 수용소의 종류와 성격, 수감 대상자들을 놓고 보면 재론의 여지가 없이 '로마규정' 7조 상의 '절멸', '박해', '사람들의 강제실종'에 해당하고, 법 적용의 실효성은 차치하더라도 북한의 최고 위정자들이 '인도에 반한 죄'를 범한 것이다. 그리고 '로마규정'을 접어두더라도 북한정부는 이미 가입한 '경제적·사회적·문화적 권리에 관한 국제규약'과 '시민적·정치적 권리에 관한 국제규약', '집단살해범죄의 방지와 처벌에 관한 협약', '아동의 권리에 관한 협약', '모든 형태의 여성차별철폐에 관한 협약'의 해당 규정들을 위반한 것이다.

그뿐만 아니라 식량난이 본격화되면서 요덕수용소는 최악의 상황을 맞았다고 한다. 이백룡(이영국의 가명)은 "대숙리의 800명 독신자 가운데 1년에 200명이 영양실조와 강제노동으로 사망했다"고 증언한다. 이들은 하루 80g의 옥수수와 시래깃국으로 연명했다는 것이다. 그러나 계속해서 죄수들이 보충되기 때문에 아무리 죽어도 사람은 줄어들지 않았다고 한다. 그리고 요덕수용소에서는 한때 국제 인권단체에서 요덕을 방문할지도 모른다고 해서 겨울에 집을 모두 부순 뒤에 땅을 파고 그 속에서 20일간 기거하면서 추위에 떨기도 했다고 이백용은 증언한다.[60]

피수감인들에 대한 이런 처우는 '유엔 수감자의 처우에 관한 최소한의 기준'에 위배되는 것이다.

국제인권규범을 통해서 본 수용소에서의 인권유린 실태

북한정부 당국이 북한의 민간인들을 정치범 수용소에 수감하는 목적이나, 수감하는 절차, 수감 후의 처우 등은 예외 없이 로마규정 제7조 상의 제 조항들에 해당한다.[61] 전술한 바와 같이 북한은 로마규정의 당사국이 아니어서 이 규정을 적용하는 데 일정한 한계가 있지만, 각종 인권유린의 범죄행위들에 대한 평가의 기준으로 로마규정을 활용할 수 있을 뿐만 아니라, 이 규정이 발효된 2002년 이후에도 이런 인권유린이 대규모로 체계적이고, 지속해서 이루어진다면 이 규정을 적용할 수 있는 여지가 전혀 없는 것은 아니다.

신동혁이 기억하는 '관리소의 10대 법과 규정'은 2005년 1월에 탈출할 때까지 14호 관리소에서 적용되고 있었으므로 국제인권규범들을 적용할 수 있는 증거가 된다. 이 '관리소의 10대 법과 규정'에 따르면 경미한 규정 위반들에 대해서도 총살형에 처하게 되어 있는데 그 내용은 다음과 같다.

제1조, 1항 도주 시 즉시 총살한다. 2항 도주기도 시 목격하고 신고하지 않은 자는 즉시 총살한다.

제2조, 1항 담당 보위원 선생님의 승인 없이 다른 지역으로 무단 이동하면 즉시 총살한다. 2항 보위원 마을로 승인 없이 무단 침입하거나 시설물을 파괴한 자는 즉시 총살한다.

제3조, 1항 무기류를 도둑질하거나 소지하고 있는 자는 즉

시 총살한다. 2항 무기류를 도둑질하거나 소지하고 있는 자를 신고하지 않거나 공모한 자는 즉시 총살한다. 3항 관리소 내의 모든 식량을 도둑질하거나 감추는 자는 즉시 총살한다. 4항 관리소 내의 모든 기자재를 고의적으로 파손하거나 도둑질 한 자는 총살한다.

제4조, 1항 담당 보위원 선생님에게 불만을 품거나 구타를 했을 경우 즉시 총살한다. 2항 '담당 보위원 선생님의 지시에 불성실, 불복종한 자는 즉시 총살한다.

제5조, 1항 외부인을 감추어두거나 보호한 자는 즉시 총살한다. 2항 외부의 물품을 소지하거나 감추어둔 자, 공모한 자, 신고하지 않은 자는 즉시 총살한다.

제7조, 1항 자신에게 맡겨진 과제에 태만하거나 수행하지 않을 경우 법에 불만을 품은 것으로 간주하고 즉시 총살한다.

제8조, 1항 승인 없이 남녀 간에 신체접촉이 있을 경우 즉시 총살한다.

제9조, 1항 자기 죄를 인정하지 않고 자기 죄에 대하여 불복종하거나 의견을 갖는 자는 즉시 총살한다..[62]

이와 같은 규정들은 피수감자들을 철저하게 외부로부터 고립시킨 채, 의견 및 표현의 자유를 억압하고, 최소한의 신체적 자유도 박탈하여 노예노동에 순응하도록 하기 위한 것이며, 로마규정 제7조 상의 '살해', '절멸', '노예화'에 해당한다.

결론: 헬싱키 프로세스를 원용한 다자적 접근

　북한의 인권문제는 전체주의적 통제와 체제의 비효율성에 그 근본 원인이 있어서 정치적 민주화와 체제변혁이 선행되지 않는 한 개선 노력에 일정한 한계가 있을 것이다. 그러나 특정 인권유린 현상들은 정치변동을 전제하지 않고도 개선될 수 있다. 이는 체제변화 없이 일정 부분 국제인권규범이 처방하는 대로 따르는 북한정부의 모습에서 추론할 수 있다.

　현재 가장 시급한 일은 북한인권문제에 직·간접적으로 관련된 국가들이 현안들에 대해 논의를 시작하는 것이다. 그래서 먼저 북한의 인권문제를 다자적 형태를 통해 과학·교육 협력, 경제, 통상 문제 등과 함께 논의·해결하고, 지역 차원의 대북 인권 대화 구도를 개발하자고 관련 국가들을 독려하는 것이 필요하다. 그리고 북한의 인권문제 해결을 위한 다자간 협의는 앞으로 동북아에 인적접촉이 더욱 활발해지면 반드시 필요하게 될 지역인권보호체계를 만드는 데 좋은 시작이 될 것이라는 사실을 관련 국가들에 설득해야 한다.

동북아에 국가주권주의가 팽배해 있고, 다자간 협의체를 통해 북한의 인권문제를 논의하는 것이 현실적으로 많은 시간을 요구하는 것임을 고려하면, 중·단기적으로는 북한에 유엔 인권위원회가 권고한 국가인권위원회를 설치하게 독려하여 이 기관을 활동주체로 하고, 비정부단체들이 감시와 정보·자료 제공 등을 통해 협력·보완해 나아가는 것도 한 방법이 될 수 있다.

북한의 인권문제에 대해 다자간 논의가 이루어질 경우 최우선 과제는 공약과 현실을 부합시키기 위해 북한당국이 기울이고 있는 노력을 측정·평가할 수 있는 척도와 노력의 방향과 내용을 구체적으로 제시할 수 있는 지표를 기술적으로 만드는 일이다. 물론 유엔에서 채택한 대북한 결의문에 기술된 '기술적 협력'이 이를 겨냥한 것이기는 하다. 그러나 김정일·김정은 정권이 협력하지 않아 현재까지는 아무런 실효를 거두지 못하고 있다. 그래서 다자간 협의가 실효성을 가지려면 인권에 관한 유엔 경제사회이사회의 협약 및 규약들과 북한 국내법 간에 상충되는 부분이나 북한 국내법상의 미비점을 지적하여 개선하도록 촉구해야 할 뿐만 아니라 현장방문을 통해 검증을 반드시 해야 된다.

아울러 인권 모니터링을 반드시 실시해야 한다. 물론 모니터링은 현 유엔 체제에서도 요구되는 바이지만 북한이 거부하고 있어 어려울 것으로 보인다. 그러나 유럽안보협력회의/기구(CSCE/OSCE)도 처음에는 논쟁만 야기했지만, 안보문제에 대한 타협이 모니터링에 대한 합의를 가능하게 했다. 따라서 비록 시간이 걸리겠지만 지속해서 모니터링을 요구하면서 협상의제로 부각해야 된다.

민주주의, 인권, 법치(法治)가 삼위일체인 점을 고려하여 북한의 인권 신장 레버리지(leverage)로 법치를 요구하는 것은 가장 무리 없는 접근이 될 것이다. 물론 다원적 민주주의의 발달에 대해서는 북한 당국자들이 계속 경계하고 거부하겠지만, 법치는 거부할 수 없을 것이다. 이는 유럽안보협력회의/기구 구성국들 간에도 그러했던 것처럼 동북아에서도 인권부문 개념과 역내 국가 간의 대화와 안보문제에 대한 접근에서 핵심요소가 될 것이다. 그래서 현시점에서는 북한정부의 비법적·임의적 처벌 사례들에 대해 지속해서 정보를 수집·축적하고, 시정조치를 대북 원조에 어떤 형식으로든 반드시 연계시키는 적극적인 정책을 구사해야 한다.

아울러 북한의 인권문제를 안보문제의 한 부분으로 간주하여 접근할 필요가 있다. 특히, 탈북자 문제는 중국, 북한 양측에게 적지 않은 군 병력을 이동··재배치케 했다. 유럽안보협력기구처럼 안보에 대해 포괄적으로 접근하여 안보문제가 정치·경제··환경·인권부문과도 관련이 있으며, 각 부문들이 서로 밀접하게 연관되어 있다는 것을 관련 국가들이 인식하게 해야 된다.

더 나아가 아시아·태평양 지역 인권체제/포럼(Forum) 특정 회원국 내부의 인권부문 현안들에 대해 다른 회원국들이 정당하게 관여할 수 있도록 해야 된다. 중국, 북한, 베트남 등이 반대하겠지만, 유럽에서는 '안보에 대한 협력적 접근'이 공동의 항구적 제도들을 만들 수 있게 했고, 그 결과 유럽안보협력기구의 활동을 증진해 인권부문 현안들이 유럽안보협력기구의 분쟁예방 노력에 중요한 요인으로 작용하게 했다. 따라서 아시아·태평양 지역에서도 '안보에 대한 협력적 접근'이 가져올 수 있는 긍정적 파급효과로 반대국가들의 의구심을 해소해야 될 것이다.

북한의 인권문제를 규정하는 국제적·국내적 규범들은 이미 마련되어 있다. 다만 이 규범들이 지켜지지 않고 있는 것이므로 정치적 타협을 통해 지켜지도록 하는 것이 문제 해결의 핵심이다. 이런 현실론을 고려할 때 사건별·현안별로 접근하는 것이 바람직할 것이다. 이런 접근을 통해 개별적 합의·해결이 누적되어 일반적 구속력(general binding force)을 확보하도록 하는 것이 바람직하다.

무엇보다 중요한 것은 인권유린국가들 특히 북한의 위정자들을 단죄하려는 태도보다 문제해결전략(problem solving)을 구사하며 건설적 대안을 창출하고, 현안 타결을 위한 공동 프로그램 혹은 프로젝트를 개발하는 것이 좋을 것이다.

가까운 장래에 북한 당국이 유엔에서 권유한 것처럼 민주적 다원주의를 수용하고, 사회 각 수준에서 의사결정을 하는 데 시민사회가 참여할 수 있도록 할 가능성은 희박하다. 그러나 북한의 개혁·개방은 사회 비공식영역의 확장과 어느 정도의 시민적 자율성을 신장시킬 것이다. 그렇지만 북한의 집권자들은 시민적 자율성의 발달과 통제 간의 균형을 유지하기 위해 모든 노력을 기울일 것이고, 어느 정도는 성공할 것으로 생각한다. 그런데 북한의 지도자들이 북한사회의 제도적 영역을 확장하고, 중국처럼 사회통제방법도 물리적 강제력을 사용하는 직접적 통제로부터 사회통합을 추구하는 간접적 통제로 바꾸게 하기 위해서는 북한에 대한 지원과 접촉은 계속해야 되겠지만, 일정한 방향성과 지표를 가지고 해야 한다. 그리고 이에 대한 강한 집행의지를 보여야 실질적으로 북한의 인권 신장에 일조할 수 있을 것이다.

주

1) 『2010 북한인권실태 조사 보고서』, (발주기관: 대한변호사협회, 수행기관: (사)북한민주화네트워크), 2010년 5월 12일.

2) 한국농촌경제연구원,『KREI 북한농업동향』, 재12권 제1호(2010. 4.), p. 6.

3) 한국농촌경제연구원,『KREI 북한농업동향』, 제13권 제4호(2012. 1.), p. 6.

4) Jean~Fabrice Piétri, "The Inadequacies of Food Aid In North Korea", Summary of Comments (Plenary Session II), IVth International Conference on North Korean Human Rights and Refugees, Prague, March, 2003.

5) 『북한인권 실태조사 보고』, (발주기관: 대한변호사협회 북한인권소위원회, 수행기관: 북한인권정보센터), 2006년 10월 20일 ;『2008 북한인권실태 조사보고서』, (발주기관: 대한변호사협회, 수행기관: (사)북한민주화네트워크), 2008년 4월 17일 ;『2010 북한인권실태 조사 보고서』, 앞의 보고서.

6) 중앙정보부,『북한의 인권탄압실태』(서울: 중앙정보부, 발행연도 미상, 1970년대 초로 추정), pp. 48~49 참조.

7) Stephan Haggard, and Marcus Noland. Hunger and Human Rights: The Politics of Famine in North Korea. (Washington, DC: U.S. Committee for Human Rights in North Korea, 2005), pp. 21~22.

8) 위의 책, p. 21.

9) 이영훈, "북한 경제난의 현황과 전망", 제주평화연구원, 「JPI 정책포럼」, No.2010~8 / 2010년 3월.

10) 北 장마당 동향, http://www.dailynk.com/korean/market.php? page=2&catald= (검색일: 2012년 3월 10일).

11) 진용규, http://www.cnkr.org/zeroboard/view.php?id=kor_news& no=166 (검색일: 2012년 3월 13일).

12) KREI 한국농촌경제연구원, 『KREI 북한농업동향』, 제8권 제2호 (2006. 8), p. 17.

13) 탈북자 김혁, 문명옥, 배권철, 이영국, 지해남, 「고문에 관한 특별 보고관에게 제출할 고문에 대한 진술의 표준질문서」작성 인터뷰 시 증언, 2004년 2월~3월 ; 안명철, 『그들이 울고 있다』(서울: 천지미디어, 1995); 안혁, 『요덕 리스트』(서울: 천지미디어, 1995); Good Friends, Human Rights in North Korea and the Food Crisis, A Comprehensive Report on North Korean Human Rights Issues (Seoul: Good Friends, March 2004); Hiroshi Kanto et al.(Research), Are They Telling US the Truth? ~Brutality Beyond Belief~ (Tokyo: LFNKR & NKDB, 2004).

14) 북한에 남아있는 증언자들의 가족 보호를 위해 실명 대신 번호를 매김.

15) Philo Kim, "New Religious Policy and the State of Religious Freedom in North Korea", In NKHR & HFHR, The 5th International Conference on North Korean Human Rights & Refugees, 29 Feb. ~ 2 Mar. 2004, Warsaw, Poland.

16) 조선로동당출판사, 『조선중앙년감 1950』(평양: 조선로동당출판사, 1950), p. 365, 강인철, "월남 개신교·천주교의 뿌리", 『역사비평』(1992년 여름), p. 109에서 재인용.

17) 이찬영 (편저), 『북한교회 사진명감』(서울: 총회북한교회재건위원회, 2000), p. 10.

18) 이항구, "북한의 종교탄압과 신앙생활", 『현실초점』(1990년 여름), Philo Kim, "New Religious Policy and the State of Religious Freedom in North Korea"에서 재인용.

19) Philo Kim, 위의 논문.

20) 안혁, 『요덕 리스트』, 앞의 책, p. 61.

21) 윤대일, 『'악의 축' 집행부 국가안전보위부의 내막』(서울: 월간조선사, 2000), pp. 134~135.

22) 안혁, 『요덕 리스트』, 앞의 책, pp. 61~62.

23) 윤대일, 『'악의 축' 집행부 국가안전보위부의 내막』, 앞의 책, p. 134.

24) 軍事科學院軍事歷史研究所 編著, 『中國人民志願軍 抗美援朝戰史』, 軍事科學出版社, 1988, 한국전략문제연구소 역, 『중공군의 한국전쟁』(서울: 세경사, 1991).

25) 국방부, 『국군포로문제』, 1999, p. 17, p. 31. 그런데 유엔군 측은 1953년에 한국군 실종자를 총 82,319명으로 집계했다.

26) 유병화, "북한 억류자 송환의 법적 문제와 해결방안", 최성철 (편), 『북한인권의 이해』 (서울: 한양대학교 통일전략연구소, 1997), p. 265.

27) 국방정보본부, 『군사정전위원회편람』 (서울: 국방정보본부, 1986), p. 543.

28) 그 한·예로, '6·25전쟁납북인사가족협의회'는 전쟁 당시 존 무초 (John J. Mucho) 주한 미국 대사가 1952년 1월 4일에 (한국) 내무부 자료를 바탕으로 납북자를 126,325명으로 기술하여 유엔군 사령부로 보낸 문건을 근거로 이 같은 주장을 한다. 「중앙일보」, 2007년 6월 23일.

29) 「실향사민등록자명단」은 1956년 6월 15일부터 8월 15일까지 대한적십자사가 신고 받아 작성한 명단으로, 전체 2권 중 7,034명의 납북자들이 수록되어 있는 제1권만 발견되었다.

30) 통일연구원에서 발행한 『북한인권백서』는 각 년도마다 납치 규모와 피해자의 수를 다르게 제시하고 있다. 필자가 제시한 수치는 해당 항목의 가장 최근 백서상의 수치다.

31) 일본 납북자구조연합이 2006년에 미국의회에서 밝힌 내용이다. 이 단체는 그 이유로, 북한 요원들의 불법 활동을 목격한 증인을 없애기 위해서, 혹은 북한의 해외공작 요원들을 위한 외국어, 관습 등에 대한 교육 요원으로 활용하거나, 한국 파괴공작이나 체제 선전 등에 이용하기 위해 이 같은 납치를 자행한 것으로 추정한다. 「조선일보」, 2007. 3. 22.

32) 박정환, 『느시』, 1권, 2권 (서울: 문예당, 2000); US Department of Defense, Defense Prisoner of War/Missing in Action Office Reference Document, U.S. Personal Missing, Southeast Asia (and Selected Foreign Nationals) (U), Alpha, Chronological and Refno Reports, Unclassified, May 1996, DPMO/RD.

33) 대한변호사협회의 2006년 인터뷰조사 시 'ID 086(2006)'의 진술: "상급학교에 가려면 사로청에서 추천을 받아야 하는데, 아들이 대학에 가려했지만 국군포로 자녀라고 해서 추천서를 안 써줬어. 대학에 갈 수 없었지. 이것 때문에 아들하고도 이견이 많았어. 아

버지 때문에 사회적으로 발전할 수 없다고 말이야. 사돈을 정할 때도 부모가 어떤 사람인가, 토대가 좋은가 당원인가를 따져. 김복만이라고 국군포로였는데, 술을 마시고 사회 있는 동무들하고 싸움이 붙었어. 약간 구타를 했는데, 원래 나쁜 놈이라면서 교화소 징역을 보냈어. 국군포로들이 죄를 지으면 원래 나쁜 놈이라 계산해(계획적으로) 그랬다며 죄를 크게 물어."

34) 국가검열위원회/국가검열성의 주요 업무는 행정기관의 경제기획이 당의 노선이나 김일성·김정일의 지시를 제대로 반영하고 있는지 여부를 사회주의계획경제의 지표에 따라 회계검열을 하고, 경제사업을 걸러서 김일성·김정일에 보고하는 것이다. 북한 인민보안부 간부 출신 탈북자 김영철(가명, 2008년 2월 입국)의 진술 (2010년 8월 22일 인터뷰).

35) 윤대일, 『'악의 축' 집행부 국가안전보위부의 내막』, 앞의 책, pp. 81~87.

36) 김일성과 김정일에 진상하는 물품을 '8호 물품', '9호 물품'이라 부르는데서 비롯되며, 일반적으로 '번호사건'이라 칭한다. 탈북자 김영철의 진술 (2010년 8월 22일 인터뷰).

37) 부부폭력 발생 비율: 미국가정 16.1%(1985년 3,520가정 조사), 재미 한국인가정 18.8%(1993년 260가정 조사), 홍콩가정 14.2%(1994년 382가정 조사), 한국가정 31.4%(1998년 1,523가정 조사), 일본가정 17.0%(1999년 2,800가정 조사) 김재엽, "한국인의 가정폭력 실태와 현상", 『가정폭력 대응전략 수립을 위한 대토론회』 (보건복지부 주최, 세계은행 The World Bank 후원, 2000년 3월 24일~3월 25일, 서울교육문화회관), p. 17 〈표 2〉 참조.

38) Daniel G. Saunders, "Programs for Men Who Batter: A Summary of Models & Recent Research", July 20, 2000, World Bank Project on Enhancing Institutional Capacity of the Ministry of Health and Welfare for Dealing in Family Violence, Seoul, Korea.

39) 예를 들어, 한국에는 "가정폭력 방지 및 피해자 보호 등에 관한 법률"(1998년 7월 제정), "가정폭력범죄의 처벌 등에 관한 특례법"(1998년 7월 제정, 1999년 1월 21일 수정), "성폭력 범죄의 처벌 및 피해자 보호 등에 관한 법률"(1994년 4월 제정, 1997년과 1998년 각각 수정) 등 가정폭력과 성폭력으로부터 여성을 보호하기 위

한 법률과 특별법이 있다. 그러나 북한정부가 북한의 법들을 일반 대중에게 알리기 위해 2004년에 처음으로 출판한 『조선인민주주의공화국 법전 (대중용)』에 헌법을 비롯한 112가지의 각종 법률이 수록되어 있지만 여성을 가정폭력이나 어떠한 폭력으로부터 구제하기 위한 법은 수록되어 있지 않다.

40) 필자가 참관하였던 북한의 '경제적·사회적·문화적 권리에 대한 2차 정기보고서' 심사 시 (2003년 11월에 19~20일), 유엔의 독립 인권전문가들이 이에 대해 북한대표단에 질문했을 때 심형일 부단장은 '인민반 회의에서 자아비판을 하게 한다.'는 것 외에 구체적인 대책을 제시하지 못했다.

41) "북한이탈주민 현황", http://www.unikorea.go.kr/ (검색일: 2012년 3월 13일).

42) 김영자, "중국내 탈북여성들의 인권실태와 정책제안", 북한인권시민연합, 『제 2회 북한인권·난민문제 국제회의』, 2000년 12월 8일, 서울.

43) 김영자 (2000), 위의 보고서; 「조선일보」, 2008년 3월 3일.

44) 북한인권시민연합 김영자 사무국장의 진술, 2010년 7월 30일.

45) "북한경제의 현황과 과제", p. 137. http://www.unikorea.go.kr/kr/CMSF/CMSFBsub.jsp?topmenu=3&menu=2&sub=&act=&main_uid=&subtab= (검색일: 2010년 7월 28일).

46) 이를 북한당국은 '○○호 관리소'라는 명칭으로 부르고 있고, 주민은 '특별독재대상구역, 종파굴', '정치범 집단수용소', '유배소', '종파굴', '이주구역' 등으로 부르고 있다. 최의철·송정호, 『북한인권백서 1998』, 앞의 책, p. 106.

47) 6·25전쟁 당시 미국 국무부가 노획한 북한의 한 문서에 따르면 1947년 10월에 이미 17개소의 '특별노무자수용소'가 있었다. 萩原遼 (편), 『北朝鮮の秘密文書』(上) (東京: 夏の書房, 1996). 그런데 이 수용소들의 수감자는 소장의 허가를 받으면 가족과 면회도 할 수 있고, 영화 관람을 위해 외출도 할 수가 있었다고 한다. 허만호, 『북한의 개혁·개방과 인권』, 앞의 책, p. 229. 따라서 이 '특별노무자수용소'는 현재의 정치범 수용소 모습과는 완전히 달랐다.

48) 김용삼, "북한의 아우슈비치' 14호 관리소의 내막", 『월간조선』, 2000년 5월 호.

49) 허만호, 위의 책, p. 229.

50) 위의 책, p. 229.

51) 최의철·송정호,『북한인권백서 1998』, 앞의 책, p. 107.

52) 강철환, "'요덕수용소'에선 지금 무슨 일이? 탈북자들 '살벌 기류' 증언," 앞의 기사.

53) 허만호,『북한의 개혁·개방과 인권』, 앞의 책, p. 230.

54) 최의철·송정호,『북한인권백서 1998』, 앞의 책, p. 108; 대한변호사협회,『2010 북한인권백서』, 앞의 책, p. 430.

55) 통일원,『북한의 인권실태』(서울: 통일원 정보분석실 1994. 8, 1994), pp. 65~66; 대한변호사협회, 위의 책, pp. 431~433.

56) 신동혁,『북한 정치범수용소 완전통제구역 세상 밖으로 나오다』(서울: 북한인권정보센터. 2007), pp. 34~44.

57) 허만호,『북한의 개혁·개방과 인권』, 앞의 책, p. 232.

58) 대한변호사협회,『2010 북한인권백서』, 앞의 책, p. 431; 북한의 정치범 수용소에 대해 일반인들이 아무런 실증자료를 접하지 못했던 2002년에 22호 정치범 수용소의 일부인 행영지구와 중봉지구가 위성사진으로 J. 라킨(John Lakin) 기자에 의해 처음 공개되었다. John Lakin, "North Korea Exposed~Kim's Slave Camps," Far Eastern Economic Review, Dec.12, 2002, pp. 14~16.

59) 강철환, "'요덕수용소'에선 지금 무슨 일이? 탈북자들 '살벌 기류' 증언", 앞의 기사.

60) 이백룡의 증언, http://monthly.chosun.com/html/200101/200101220008_3.html (검색일: 2011년 2월 24일).

61) 이와 관련하여 David Hawk는『잔인함의 집결』에서 14가지로 집약하여 지적하고 있다. David Hawk,『잔인함의 집결』, Freedom House, May 2007, pp. 22~29.

62) '관리소의 10대 법과 규정'의 전문은 다음을 참조하시오. 신동혁,『북한 정치범수용소 완전통제구역 세상 밖으로 나오다』, 앞의 책, pp. 59~62.

북한의 인권
인민의 천국에서 벌어지는 인권유린

펴낸날 **초판 1쇄 2012년 4월 17일**

지은이 **허만호**
펴낸이 **심만수**
펴낸곳 **(주)살림출판사**
출판등록 1989년 11월 1일 제9-210호

경기도 파주시 문발동 522-1
전화 031)955-1350   팩스 031)955-1355
기획·편집 031)955-1374
http://www.sallimbooks.com
book@sallimbooks.com

ISBN   978-89-522-1796-7   04080

책임편집 **이소정**